鎌倉のまつり・行事　小事典

写真・文　原田寛

かまくら春秋社

鎌倉全図

寺社名頭についている●アルファベットは巻末の掲載寺社一覧表に対応しています。

関谷
横浜市
玉縄
城廻
大船観音寺
大船駅
岡本
植木
大船
小袋谷
台
湘南モノレール
山崎
上町屋
藤沢市
寺分
手広
笛田
梶原
常盤
葛原岡・大仏ハイキングコース
西鎌倉
鎌倉山
龍口明神社
津西
津
高徳院
T 甘縄神明神社
極楽寺
光則寺
I 長谷寺
長谷
P 御霊神社
七里ガ浜東
長谷
K 極楽寺
腰越
成就院
極楽寺
腰越
満福寺
鎌倉高校前
七里ガ浜
七里ヶ浜
稲村ガ崎
O 小動神社
坂ノ下
江ノ島電鉄
稲村ヶ崎

上、左頁・**鶴岡八幡宮例大祭**｜鶴岡八幡宮｜9月14・15・16日 ▶本文 P.124

御祭禮

八雲神社例祭（大町まつり）| 八雲神社（大町）| 7月7～14日の間の土曜から3日間
▶本文 P.98

右頁、上・**建長寺開山忌** | 建長寺 | 8月23・24日 ▶本文 P.114

達磨忌｜建長寺｜10月4・5日
▶本文 P.132

右頁・**建長寺開山忌羅漢講式**｜建長寺｜
8月23日 ▶本文 P.114

四万六千日にて｜杉本寺｜8月10日

建長寺開山忌にて｜建長寺｜8月23・24日

祈年祭にて｜鶴岡八幡宮｜2月17日

祈年祭にて｜鶴岡八幡宮｜2月17日

献灯会｜光明寺｜７月下旬の日曜日　▶本文 P.106

本えびす｜本覚寺｜1月10日　▶本文P.44

右頁、上・**菖蒲祭**｜鶴岡八幡宮｜5月5日 ▶本文 P.80

鎌倉のまつり・行事　小事典　もくじ

まえがき

鎌倉では年間を通じ、数多くの年中行事が行われている。これらは大まかに、民俗行事、宗教行事、観光行事に分類することができる。民俗行事というのは全国的にも一般に行われているもので、行事というよりも習俗、風習に近いものが多い。宗教行事はその発生の経緯によって、古代から続くもの、中世から行われているもの、近世になって始まったものなど、それぞれに歴史的背景は異なる。そして花火大会のように、鎌倉市観光協会などが主催する観光行事などである。

このような年中行事を全国規模で眺めてみると、京都の祇園祭のように、知名度が高く大規模なものが日本各地で行われているものもある。一方、鎌倉の年中行事はそれほどの規模は感じられないし、知名度もそれほど高いとは思われない。建長寺や円覚寺の開山忌、鶴岡八幡宮の例大祭などはむしろ例外的に大規模なのかもしれない。ただ、有名で大きな祭は、本来宗教的意味合いを持っていても、やがて観光的な側面が

強くなってくる。それに対し、鎌倉の祭は規模が大きくないだけに身近に感じられ、参加者が一体化できる魅力がある。また、観光的色彩が薄いので、むしろ純粋に宗教的な雰囲気を感じることもできる。こんなところに鎌倉の年中行事の魅力があるのかもしれない。

最近は、たとえば神輿で祭神に町内を回ってもらうという本来の趣旨に対する意識が薄れ、ただ表面的な部分だけに注目しがちな状況がある。祭が行われている本来の目的や意味にも思いを馳せていただければと思う。そして、本書を足がかりにして、表層的な部分だけでなく、その奥に隠されている日本の伝統文化を身近に感じる機会になってくれれば、著者としては望外の幸せだと思っている。

最後に、本書の制作にあたって、ひとかたならぬご理解、ご協力をいただいた関係各位に、この場を借りて心からの感謝の気持ちを述べさせていただきたい。

原田　寛

鶴岡八幡宮例大祭 浜降式

新春

新春行事の特徴

『万葉集』に「新しき年の初めの初春の今日降る雪のいやしけ吉事」（大伴家持《おおとものやかもち》）とあるように、古来、正月は特別な感慨をもって迎えられてきた。門松などの風習がすたれつつあり、羽根つきがバドミントンにとって替わられる時代となって、新春風景や正月気分が希薄になりつつある。それでも、鎌倉には寺社が多い影響もあって、まだ昔ながらの正月の雰囲気が残されている。大晦日の夜が更けて、市内各所の寺で除夜の鐘が撞《つ》き始められる。様々な方向から入れ替わり鐘の音が聞こえてくるのは、狭い地域に百以上の寺院が集中している鎌倉ならでは。こうして、鎌倉は新年を迎える。正月の鎌倉では、神事や法要も次々に行われる。鶴岡八幡宮の元旦だけでも、寺院の除夜鐘に相当する号鼓《ごうこ》を合図に初詣が始まると歳旦祭《さいたんさい》、神楽始式《かぐらはじめしき》、御《ご》判行事《はんぎょうじ》などが奉仕される。修行道場がある建長寺や円覚寺では、年末に雲水たちがついた鏡餅が、伽藍すべての本尊前に飾られ、新しい一年の安寧を願う法要が営まれる。

鶴岡八幡宮 初詣

新年に営まれる行事には仕事始めの儀式という側面もある。船《ふな》おろしや船祝《ふないわ》いは漁師、手斧始式《ちょうなはじめしき》は建築関係者、除魔神事《じょましんじ》は武家の仕事始めといった具合である。

社会情勢や生活習慣の変化にともなって、失われていく伝統もある中で、新年を特別な気持ちで迎える習慣がまだ鎌倉には色濃く残されているのが嬉しい。日本人のメンタリティの根底にある風習を、次世代にも伝えていきたいものである。

一月

初詣《はつもうで》

鶴岡八幡宮ほか

正月

上・三ノ鳥居から本堂まで参拝者で埋め尽くされる新年の境内

元旦の深夜から拝殿内は昇殿祈祷者で埋め尽くされ新年最初の祈祷が執り行われる

大晦日の深夜から終夜運転の横須賀線で鎌倉へやってきた人々が駅から若宮大路へとはき出され、鶴岡八幡宮参詣路の段葛は人で溢れかえる。大晦日から元旦にかけて参詣することを、新旧二年にわたることから、「二年詣」と呼んでいる。混乱を避けるため、二年詣の参拝者は大石段下で一時ロープ規制されるが、午前〇時の「号《ごう》鼓《こ》」とともに本宮楼門が開かれ、本宮にむけて一斉に動き始める。拝殿前に一番乗りした参拝者には満面の笑みがこぼれ、撮影していても自然

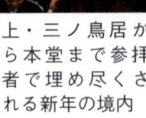

三ノ鳥居に掛けられた新年を言祝（ことほ）ぐ巨大な「おはらひさん」

上・元旦は深夜から初詣の参拝者で賑わう

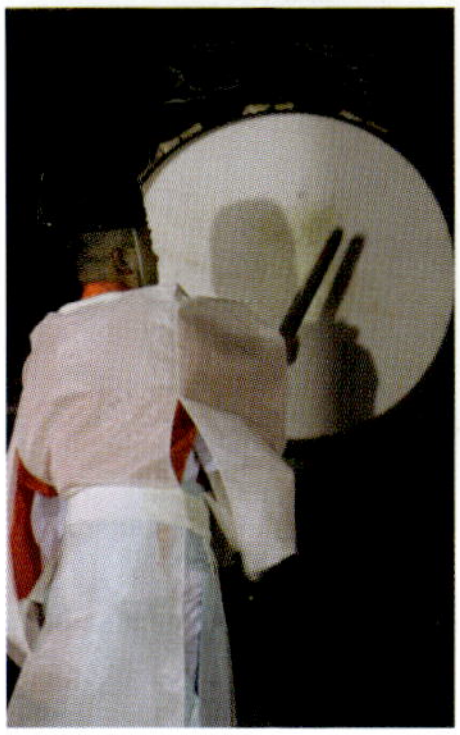

大晦日の夜が更けて午前零時を迎えると本宮内に「号鼓」の音が鳴り響く

と新年を寿《ことほ》ぐ気分になってくる。参拝後は授与所で破魔《はま》矢《や》を求め、やがて駅方面へと戻っていく。鶴岡八幡宮の破魔矢は次のような故事に因んでいる。源頼朝の曽祖父・頼義が前九年の役に際して、源氏の家運隆昌と開運守護のため石清水《いわしみず》八幡宮から拝領した丹塗《にぬ》りの弓と白羽の矢を持って戦地に赴き、安倍氏を滅ぼして奥州平定に成功した。その帰途、由比ヶ浜の地に石清水八幡宮を勧請《かんじょう》し、守護してくれた弓矢を奉納したという（弓矢は現在も国宝として残されている）。

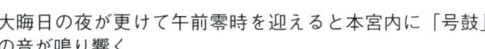

一月

神楽始式《かぐらはじめしき》

鶴岡八幡宮

一月一日　七時

深夜の初詣も一段落して、この時間帯は参道を埋める参拝者もまばらになる

二年詣の参拝者が一段落すると、元旦の早朝、鶴岡八幡宮の境内にはほんのひととき静寂の時間が訪れる。先ほどまで境内を賑やかにしていた二年詣の人波も、この時間になると由比ヶ浜へ出て、初日の出を見ているのかもしれない。そんななか、舞殿（下拝殿）で「神楽始式」が執り行われる。八乙女《やおとめ》（近隣の小学生の女子八人）が神職の奏でる笛の楽の音に合わせて新年最初の神楽を奉納する神事。八乙女の舞というと、まず「神幸祭《しんこうさい》」で二ノ鳥居に設けられた御旅所で

右・八乙女は市内に居住する小学生の少女で構成されている

右下・静寂な境内で八乙女による舞は粛々と舞われていく

下・「神楽始式」に先がけて舞殿に供えられた瓶子（へいし）。その向こうを初詣の参拝者が大石段をのぼっていく

奉納される姿が思い浮かべられるが、神楽始式は、一般にあまり知られていない。舞そのものは例大祭の時のものと同じなのだが、こちらは押し合いへし合いすることもなく、ゆったりと拝することができるのが嬉しい。八乙女は江戸時代までは世襲的に受け継がれていたようで、小池米王、山崎守王、大沢宮王、大石若王、富田王部、小島杉王、小坂森王、黒川松王の八家であった。さまざまな理由から、近年は近隣の小学生から奉仕者を選んで執り行っているようである。

一月

改《かい》旦《たん》諷《ふ》経《ぎん》

◆建長寺

一月一日 十時

三門下での法要は年間を通して3回しか行われないめずらしい光景

天下泰平と五穀豊穣を祈願する法要。まず、元旦の早朝四時半、「改旦諷経」に先がけて非公開の僧堂内で、修行僧たちによる「大般若経転読会」が行われる。夜が明けると、午前十時から一山の僧侶が集まって、昭堂、大徹堂（非公開）、三門下、仏殿、法堂を巡る法要を行う。中国仏教でも年始の儀式は行われていたようで、日本に伝えられると修正会《しゅしょうえ》として奈良時代から官大寺《かんだいじ》で行われていた。修正会は寺内の堂ごとに行うものだったというから、こんなところに改旦諷経の原形があるのかも知れ

上・回向文を焚きあげ、その灰をかき混ぜて舞い上がらせる僧侶と、それを待つ拝観者

右上・焼香する管長の奥の前机には鏡餅が置かれて新年らしい雰囲気をかもし出している

非公開だが西来庵（せいらいあん）内の昭堂では厳かに開山堂に安置された開山像に向って法要が行われる

ない。各堂の本尊前に鏡餅が供えられているところが正月らしい雰囲気。鏡餅は修正会に際して仏前に鏡を掲げていたが、やがて餅に代えられたといわれている。意外なところで鏡餅の語源に出会うことができて感激した。仏教や神道がルーツとなっている日本語は思いのほか多い。さて、法会が終りに近づくと、回向《えこう》文が読み上げられ、これが焚きあげられる。舞い上がった灰を被ると、一年間健康でいられるという民間信仰が残されていて、建長寺でも灰を大切に持ち帰る拝観者がたくさんいる。

上・坂ノ下海岸では稲村ヶ崎を背景に船上からミカンが撒かれる

船上には松や鏡餅などが船神様に供えられている

一月

船《ふな》おろし

◆坂ノ下海岸ほか

一月二日　九時

船《ふな》祝《いわ》い

◆腰越漁港

一月四日　九時

坂ノ下の漁師による仕事始めの儀式が「船おろし」。近世以降、船に関わる仕事に従事する人の間で全国的に行われる正月の風習で、「船乗初《ふなのりはじめ》」「乗出し」とも呼ばれている。浜に引き上げられた漁船は大漁旗や門松、しめ縄で飾られ、船霊《ふなだま》に御神酒や鏡餅を供えて前年の漁の安全に感謝し、新しい一年の航海の安全と豊漁を祈願する。やがて参集者にも祝を分け与える意味で、船の上から黄金色の小判に見立てたミカンや祝い銭、お菓子などが撒《ま》かれる。古来、地元の子どもたちの正月の愉しみ

上・小動岬沖の洋上から小動神社を遥拝する漁師の家族。これが腰越漁師の初詣

右上・どの船も船上いっぱいに大漁旗を飾り付けていて、腰越漁港全体がとても華やかな雰囲気につつまれる

右・新年初航海にでた漁船が富士山を背景に腰越漁港に戻ってくる

のひとつになっているため、浜には近隣の住民が多数集まってくる。

腰越漁港の「船祝い」も同様で、こちらも船おろしと呼ばれていたが、船が海上に繋がれたままであることから名称が変更された。腰越漁港の特徴は、ミカン撒きが終ると、漁師の親戚縁者も乗船して新年最初の航海にでる点。沖合の船上からまず江島神社、続いて小動《こゆるぎ》神社を遥拝して漁港へと戻ってくる。海上から神社に参拝するのも、全国的に見られる伝統だが、海辺の古都らしい正月風景である。

一月

元始祭《げんしさい》

鶴岡八幡宮

一月三日　七時三十分

上・本宮楼門に飾り付けられた破魔矢（はまや）や「迎春」の文字が正月らしい社頭を感じさせる

神事に先がけて祓戸（はらえど）でお祓いをうける神職

この祭は天照大神《あまてらすおおみかみ》の孫、邇邇芸命《ににぎのみこと》の天孫降臨《てんそんこうりん》、天皇位の元始を祝って一月三日に宮中三殿で天皇が親祭する祭で、皇室の大祭のひとつ。明治三年（一八七〇）に始まり、戦前は全国の神社でも行うことが定められ、祝祭日にもなっていた。応神天皇《おうじんてんのう》を主祭神として祀る鶴岡八幡宮でも、毎年同じ日に奉仕されている。皇室の弥栄《いやさか》と国家の繁栄を祈年する。早朝に執り行われる神事のため、正月にもかかわらずまだ境内は静寂で、清々しい雰囲気が漂う新年にふさわしい神事である。

社務所前で斎主を待つ
神職

幣殿では斎主の宮司が
祝詞をあげ、神職は拝
殿で低頭している

下・本宮での神事の後、
神職も舞殿で額に御神
印を受ける

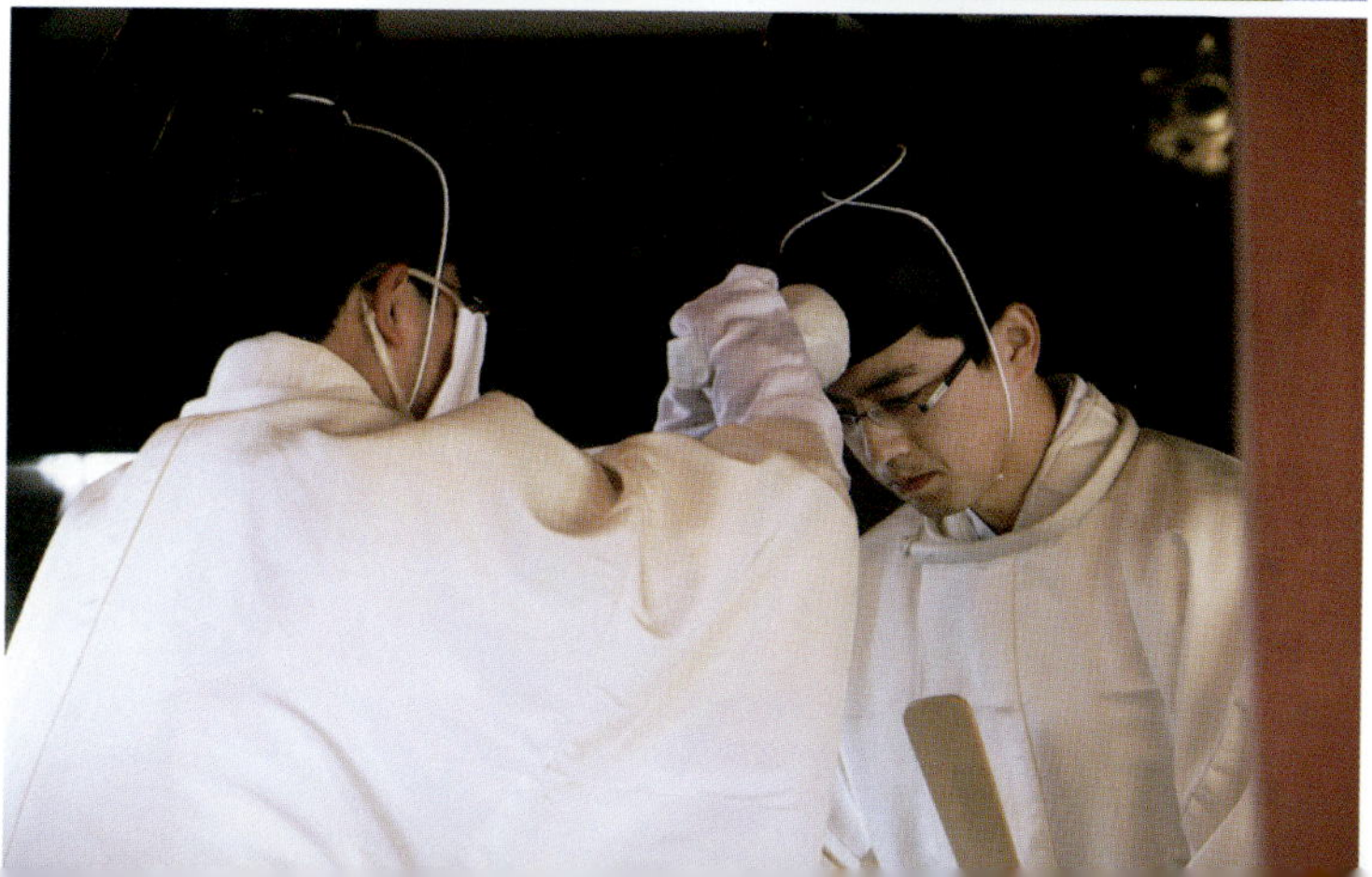

上・神事のハイライト、手斧の作法

現代では見かける機会のない槍かんな。平かんなとはかけた木肌の色も違ってくる

一月

手斧始式《ちょうなはじめしき》

◇

鶴岡八幡宮

一月四日　十三時

建久二年（一一九一）、鶴岡若宮が大火で焼失すると、源頼朝は大臣山《だいじんやま》中腹に本宮を遷座して、鶴岡八幡宮を現在のような上下両宮の配置にした。この造営に際し、由比ヶ浜で陸揚げされた用材を木造りした「御柱《おんばしら》引《ひ》き」の故事に由来する神事。現在では古儀保存と営繕の事始め、さらには鎌倉市内の大工や鳶《とび》など建築関係者の仕事始めの意味も加わって営まれる。二ノ鳥居から神職の先導のもと木遣《きやり》歌《うた》とともに段葛を通って、材木を舞殿の向拝《ごはい》まで運んで神前に奉安する。神職による修《しゅ》

上・建築関係者の仕事始めにふさわしく鳶職の梯子乗りが奉納される

右・斎主が祝詞をあげている間、参列者は低頭している

神職のお祓いに従い、二ノ鳥居から段葛を進む一行

右下・見馴れない古式の大工道具が並ぶ。写真右から手斧、墨打、尺

祓《ばつ》、降神《こうしん》の儀《ぎ》、献饌《けんせん》などの祭儀に続いて、烏帽子直垂《えぼしひたたれ》姿をした幣振役《へいふりやく》の大工職が金の手斧を振り、検尺、鋸引、墨打、手斧、槍かんなの順で、現在では目に触れる機会の少ない木造りの作法を、古式ゆかしく再現する。その後、宮司を筆頭に参列者が玉串を捧げ、撤饌《てっせん》、昇神の儀となる。引き続いて、市内の鳶職による梯《はし》子《ご》乗りが舞殿前庭で奉納される。鎌倉幕府は頼朝が創建したといっても、ゆかりの建物は残されていない。頼朝時代の雰囲気を感じさせてくれる、数少ない神事のひとつ。

左頁・古式に則った所作で１人２矢ずつ大的を射る

一月

除《じょ》魔《ま》神《しん》事《じ》

鶴岡八幡宮

一月五日 十時

右・白い装束の射手が射るのが祭射

右下・烏帽子に直垂の射手が射るのが競射

下・大的の裏側には鬼の字が上下逆に記されている

鎌倉時代に源頼朝が始めた武家の仕事始めの儀式といわれ、「大的式」「御的始」「御弓始」とも呼ばれている。舞殿西庭で祭射《さいしゃ》に引き続いて直径十五六センチの大的を掲げ、烏帽子《えぼし》直垂《ひたたれ》姿の射手六人が二組に分れて的を射る。的の裏側には鬼の文字が上下逆さに記され、ここにも新年にあたって人間の叡智の及ばない邪鬼を弓弦の音で祓うという意味が込められている。的奉行《まとぶぎょう》、幣振《へいふり》、日記などの諸役とともに、古式に則って奉仕される。武家の古都の正月らしい凛とした雰囲気の神事である。

一月

満《まん》願《がん》祈《き》祷《とう》

建長寺

一月五日　十時

上・一山の僧侶による大般若経転読の締めくくりに導師を務める管長も理趣分（りしゅぶん）を読誦（どくじゅ）する

禅宗寺院の雰囲気とは少し趣が異なる半僧坊堂内

上・堂内を埋める祈願者には、関東一円の漁業者の姿が目立つ

法要が終ると管長は祈願者の間を巡って理趣分を転読する

正月の五日間、半僧坊《はんそうぼう》で行われている初祈祷の最終日に行われる。半僧坊は、建長寺の奥の院で、方丈背後の小高い山の中腹に佇んでいる鎮守。明治二十二年(一八九〇)、第二百三十五世 霄 貫道《おおぞらかんどう》管長が浜松の方広寺《ほうこうじ》から勧 請《かんじょう》した。それほど広くない堂内に一山の僧侶と祈願者が集まり、大般若経の転読を行う。祈祷札を授与する際には、次々に漁船の名前が読み上げられ、その地域の多様さに「一円の漁業者の信仰を集めている」という寺の説明にも納得してしまう。

一月

大《おお》注《じ》連《め》祭《まつり》

◆白山神社

一月八日 九時

上・出来上がった注連縄を社前に吊るすころには昼になっている

神職を迎えて新しい注連縄の下で神事が執り行われる

源頼朝が建久元年（一一九〇）に上洛した際、鞍馬寺より行基作といわれる毘沙門天像を賜り創建した毘沙門堂が起源と伝えられる神社。毘沙門天は仏法を守護する四天王のひとつ。現在、今泉地区には農家が一戸しか残されていないが、かつては二十七戸の農家があり稲作が盛んな地域だったことを思い起こさせる豊作祈願の神事。朝の九時に氏子が集まり三時間ほどかけて稲藁から毘沙門天の使いといわれるハガチ（相模地方ではムカデをこう呼んでいた）を模した約七メートルの注連縄《しめなわ》を作

上・縄を綯るために集まってくる氏子も最近はサラリーマンが増えている

注連縄に思い切り突起を設けるのがこの社の特徴

って社前の木に渡した丸太に吊るす。注連縄には神域を示すための紙垂《しで》を垂らすのが一般的だが、ハガチに見立てて十二組の足がぶら下がっているのがこの注連縄の特徴。ハガチは白山神社の守護虫と伝えられているが、なぜ豊作と関係があるのかは土地の古老に聞いてもよくわからない。しいて推測すれば、ムカデは他の昆虫類を補食することから、害虫駆除の役割を果たしていたのかも知れない。いずれにしても、今泉地区では今でもハガチの捕獲禁止の風習が伝えられているという。

新成人の前途を祈って金幣（きんぺい）神事が行われる

一月

成人祭《せいじんさい》

◆鶴岡八幡宮

一月第二月曜日 十五時

一月の第二月曜日「成人の日」に、舞殿（下拝殿）に新成人を迎えて行われる。古来、日本では男子は「元服」や「褌祝《へこいわい》」、女子は「裳着《もぎ》」や「結髪《けっぱつ》」という儀式を経て、大人の仲間入りをする風習があった。今日行われる成人式は、戦後の荒廃の中で、次代を担う青年に希望を持ってもらうために埼玉県の蕨《わらび》町（現蕨市）で行われた「青年祭」が起源といわれている。

鶴岡八幡宮の成人祭の特徴は「白羽の矢」と「御判行《ごはんぎょう》事《じ》」。日頃の神事では参列者は玉串を奉奠《ほうてん》するが、成人祭

上・玉串奉奠に代わり白羽の矢を立てて拝礼する新成人

右上・巫女舞を見守るように舞殿を囲む新成人

新年に行われる「御判行事」と同様に神印を額に押し当ててもらう

では破魔矢《はまや》にも通じる「白羽の矢」を立てて神前に拝礼するところが他の神事では見られない光景。さらに、日頃は本殿の奥深くにしまわれている御神印を神職が新成人の額に左右左と押し当てる。古くは武士たちがこの印を頂いて出陣したといわれているから、いかにも鎌倉らしい成人祭だ。さて近年、境内に着物姿がめっきり少なくなって、日本の伝統衣裳の将来がちょっと心配だが、この日ばかりは振り袖の女性、羽織袴の男性が境内にあふれかえって華やかな雰囲気に包まれる。

福娘がついた福餅は無料で拝観者にふるまわれる

一月

本《ほん》えびす

◆本覚寺

一月十日　十二時

鎌倉時代にはこの地に天台宗系の夷堂《えびすどう》があり、源頼朝によって幕府の守護神として祀られていたといわれている。また、伊豆に流罪になった日蓮は赦免後一時この堂に滞在した。これを永享八年（一四三六）に日出が日蓮宗に改めて創建したのが本覚寺。近世以降失われていた夷堂を昭和五十六年（一九八一）に再建し、これに伴って夷神の祭も復活した。夷神は七福神のひとつで、もとは海上・漁業の神だったが、やがて商売繁盛の神として信仰されるようになった。えびす祭はも

右・授与所には福笹を求める拝観者が列をなし「商売繁盛お祈り申し上げます」の声が響きわたる

右下・まずは僧侶が餅をつき、続いて福娘たちが華を添える

下・夷堂の内部では法要が行われ、祈願者の体を僧侶が経巻でさすってくれる

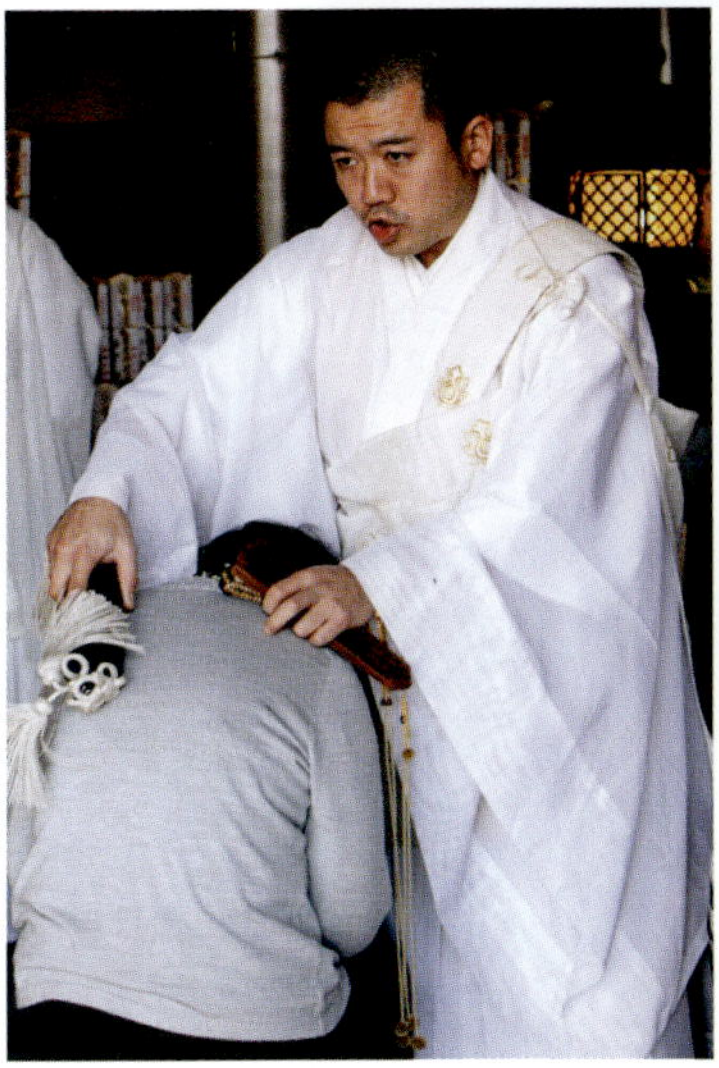

ともと大坂の風習で、正月十日に今宮神社などで「十日夷（初夷）」が、江戸では「二十日夷」が行われていた。本覚寺では一月一日から三日に「初えびす」が行われ、十日に「本えびす」が行われる。まず、夷堂に信者が集まって祈祷が行われ、境内では金色の烏帽子《えぼし》をつけた福娘が福銭や福笹を授与する。祈祷が終ると夷堂前で福娘によって福餅がつかれ、これが拝観者にふるまわれる。境内には紅白の献灯が掲げられ、商売繁盛の祈願者で賑わう様子そのものが福々しい光景である。

一月

潮《しお》神楽《かぐら》

◆材木座海岸

一月十一日 十時

浜に設えられた祭壇で神職が祝詞をあげて海の安全を祈願する

江戸時代中期、不漁続きの鎌倉で再びの豊漁を祈願して海神に神楽を捧げたのが起源といわれている。海岸に青竹を立て縄を張って結界し、海に向けた祭壇に山海の幸を神饌《しんせん》として供える。神職により四方に矢が放たれて邪気を祓った後、「鎌倉神楽」（P128参照）が奉納される。鎌倉神楽は御霊神社の例祭や大町・八雲神社など、市内各所で奉納されるこの地方特有の神楽。祭礼に際しては、緑深い鎮守の森の中で神楽が奉納される。これに対して、同じ舞ながら潮神楽が伸びやかで開

右・神職により四方に矢が放たれ邪気が祓われる

下・浜で行われる左義長はいかにも民俗的行事といった伸びやかさが感じられる

市内各所でも行われる鎌倉神楽が浜辺で奉納される

放感に満ちていると感じるのは、海に向って奉納しているからだろうか。海辺の古都を意識してしまう神事である。

神楽が終ると浜に設えた「さいと」で左義長《さぎちょう》が行われる。

左義長は現在鶴岡八幡宮や鎌倉宮、大町の八雲神社などで行われているが、かつては各町内の辻々や海岸などいたるところで行われていたらしい。神事としての様式が確立している鶴岡八幡宮の左義長に比べ、庶民の祭事といった趣が感じられる。同じ日に坂ノ下海岸では「汐《しお》まつり」と呼ばれる同様の神事が行われる。

一月

左義長神事《さぎちょうしんじ》

◆鶴岡八幡宮ほか

一月十五日 七時

さいとに点火されると、またたく間に高々と炎が立ち上がる

全国的に「どんど焼」「さいと焼」などと呼ばれて親しまれている新年の神事。「左義長」は毬をつく長柄の棒を三本立てたことから、「三毬杖《さぎちょう》」と呼ばれたのが語源だという。正月に戸口を飾っていた門松や注連飾り、神札などを持ち寄って積み上げて浄火で焚きあげ、穢《けが》れを祓い清めて暖かい春の到来と今年一年の豊かな収穫を祈る。これも、焼納することで清められると感じるからこそ成り立っている神事で、やはり正月の飾りなどを家庭のゴミと一緒に捨ててしまうのは、昔も今も日本人の

右・2つのさいとの前に祭壇がもうけられ、神職により祝詞があげられる

下・鎌倉宮の左義長は鶴岡八幡宮より1時間早く執り行われる

神事が終ると神職によりさいとに点火される

メンタリティには馴染まない。鶴岡八幡宮では祈願者が多いので、さいとも二つ設えられている。古くから一月十三日に米粉で赤や緑、白の「まゆ玉」と呼ばれる団子を作り、翌朝みかんとともに木の枝にさして床の間や神棚に飾って「固く実を結ぶように」と祈る風習があった。この火で焼いたまゆ玉を食べると風邪をひかないという民間信仰もある。現在鶴岡八幡宮では行っていないが、荏柄天神社などでは今もこの風習が残されていて、これも古都らしい伝統なのかもしれない。

一月

閻《えん》魔《ま》縁《えん》日《にち》

圓應寺

一月十六日十一時
八月十六日十一時

上・建長寺派の僧侶により大般若経転読が行われる

閻魔王の前で住職の読経が始まる

この縁日は一月と八月の午前中に行われる。創建時は長谷の見越《みこし》の嶽にあったが、足利尊氏が由比ヶ浜に移築し、「あらいの閻魔さま」と呼ばれていた。元禄十六年（一七〇三）の地震と津波の被害を受け現在地に移り「新《あら》居《い》山《さん》圓應寺」となった。本尊の閻魔王像（国重文）は運慶作と伝えられ、運慶が笑いながら彫ったため「笑い閻魔」とも、津波に流された子どもたちを救ったため「子育て閻魔」とも呼ばれている。一月の縁日は大般若会、八月は大施餓鬼会が行われる。

初《はつ》天《てん》神《じん》（筆《ふで》供《く》養《よう》）

荏柄天神社

一月二十五日 十時半

上・神事が終ると参列した人が持参した古筆なども焼納される

下・梅鉢に積まれた古筆などが浄火で焚きあげられる

祝詞があげられた後、斎主により点火される

菅原道真を祭神とするこの社の祭。道真は平安時代の官僚であるとともに学者としても文章博士として活躍したことで知られ、学問の神様として信仰を集めた。筆供養はこの祭神に因む神事で、社殿で初天神の神事が行われた後、書家や歌人、俳人をはじめ一般の参拝者などが愛用の筆や小さくなった鉛筆を持ち寄って、神前で焚き上げて感謝するとともに供養して、学問や書道の上達を祈願する。この季節はちょうど受験シーズンとも重なるため、合格祈願に訪れる参拝者も多い。

一月

文《もん》殊《じゅ》祭《さい》

常楽寺

一月二十五日 十四時

まずは住職により文殊菩薩にお経が読まれる

転読会の最後に住職が堂外にでて参拝者の前で理趣分（りしゅぶん）を転読する

建長寺派の僧侶が文殊堂に集まって大般若経転読が行われる

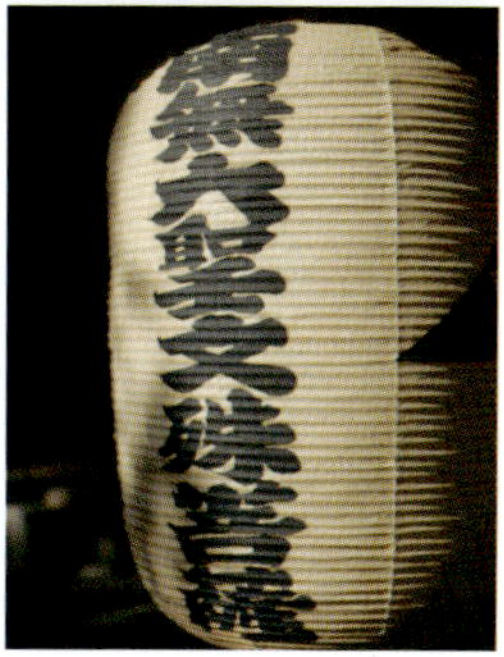

「南無大聖文殊菩薩」と書かれた提灯

文殊菩薩は、観音菩薩など他の菩薩と違って、純粋に仏教内部から誕生した菩薩。仏教の基本的な考え方の一つ「空」の概念に立脚するその知恵が特性で、「三人寄れば文殊の知恵」の言葉もそこに由来する。常楽寺では仏殿に向かって左隣に鎌倉でも珍しくなった茅葺きの小堂・文殊堂があり、安置されている秘仏の文殊菩薩が年に一度この日だけ開扉される。建長寺派の僧侶が文殊堂に集まり、大般若経転読会が行われる。日ごろは静かな境内だが、この日だけは僧侶の大きな声が境内に響きわたる。

一月

鶴岡厄除大祭《つるがおかやくよけたいさい》

◆鶴岡八幡宮

節分直前の土日を含む三日間　九時

厄除の「破魔矢（はまや）」を手に神楽を舞う巫女

節分前直近の土日を含む三日間執り行われる神事。期間中の初日午前九時、舞殿（下拝殿）にて「厄除大祭」を執行した後、引き続き「厄除大祈祷」が行われる。厄除大祭では、神饌《しんせん》を供えた祭壇の前で神職が厄除け祈願の祝詞を奏上し、巫女による神楽が奉納される。引き続き舞殿西庭に設けられた炉の中に厄難焼納札をくべて、厄除祈願が行われる。厄除大祈祷は大祭後、最終日の夕刻まで随時受け付けられている。厄年を迎えて運気が下がるといわれる年回りとなると、災難に遭ったり、

右・神事の後、厄難焼納札が浄火で焼納される

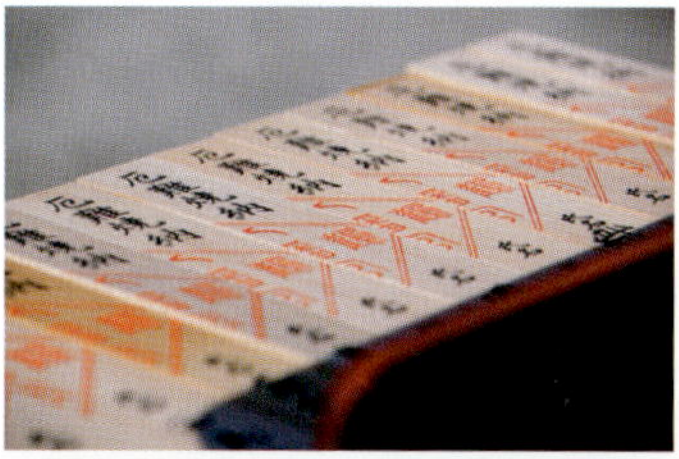

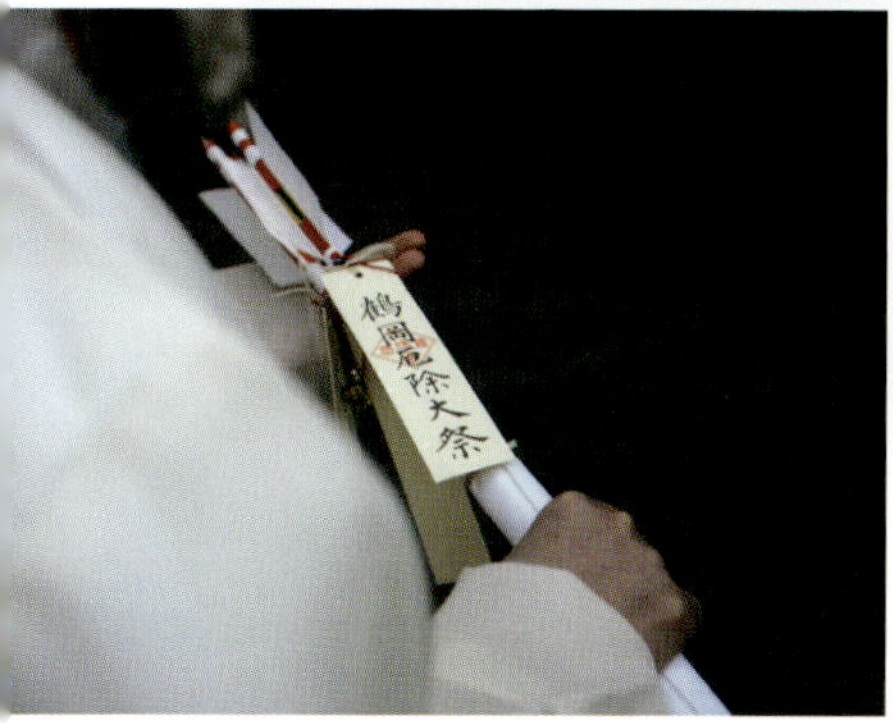

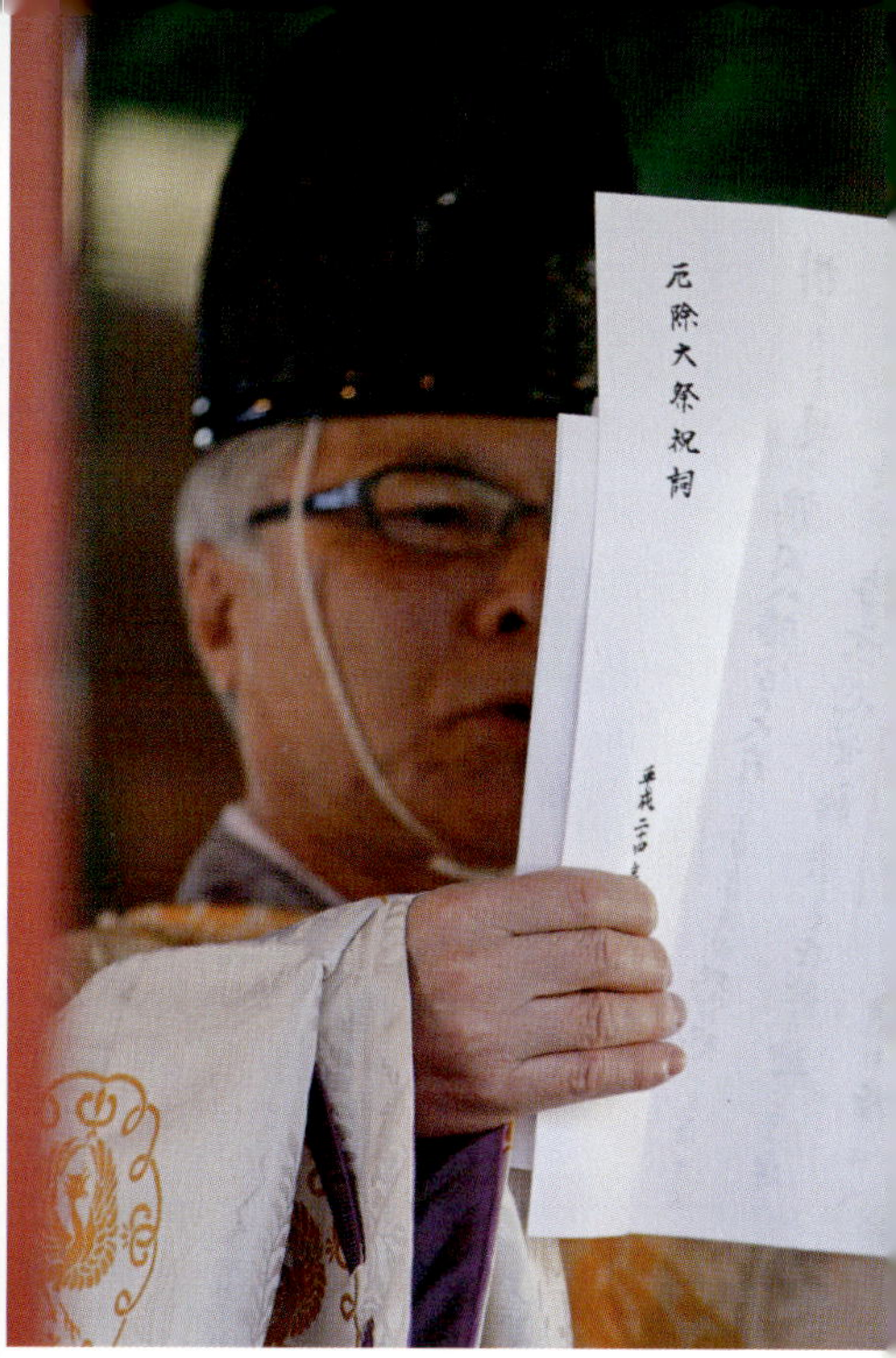

左上・焼納される「厄難焼納」の木札には祈願者が氏名を自筆する

左・破魔矢にも「鶴岡厄除大祭」と書かれている

上・祝詞をあげる鶴岡八幡宮宮司。「厄除大祭祝詞」の文字が読める

病気になったりしやすいとされることから、また人生の転機として、厄祓いに訪れる参拝者が多い。私たちの祖先は長い経験と知恵の中から、「厄年」を見いだし、転ばぬ先の杖として、その年を無事に過ごせるよう神前で祈願し、ご加護を戴くという習わしを生み出してきた。先人の知恵を感じる。自分も還暦を過ぎてみると、社会的な転機や体調の節目に厄年が設定されていることに気づく。人生設計を見直したり、体力に合せた生活設計を考えたりする絶好の機会と捉えればよいのかもしれない。

手水

祓戸

コラム・column

神事の流れ

鶴岡八幡宮の神事から

鶴岡八幡宮では年間を通じ百以上の神事が執り行われる。これらの神事は種類や重要度などによって大祭、中祭、小祭に分けられ、奉仕する神職の人数や装束、巫女舞の人数など、部分的には微妙な差があるが、大きな流れはそれほど変化するわけではない。まず社務所前に奉仕する神職、巫女などが整列し、斎主とともに祓戸《はらえど》（奉仕者のお祓いを行う場所）に「参進《さんしん》」する。お祓いの後、本宮や舞殿などの祭場に向う。最初に斎主が神前に「一拝」し、続いて「献饌《けんせん》」。神様に神饌《しんせん》をささげる行事だが、神職が高杯に供えられたお神酒や米、餅、山海の幸などをひとつずつ神前に捧げながら運ぶ。祭典によってはあらかじめ神饌が神前に供えられていて、瓶子《へいし》（お神酒の入った器）の蓋を取ることで献饌とみなしている。続いて斎主による「祝詞奏上」。この祝詞は一定のルールはあるものの、仏教における経文のように決まった文章があるわけではなく、じつは祭儀の都度、書き上げられている。次に巫女による舞が奉納される。巫女舞は岩戸に隠れた天照大神《あまてらすおおみかみ》を外に誘いだすため、賑やかに舞いを踊ったことがルーツといわれている。鶴岡八幡宮

献饌

瓶子の蓋を取る献饌

祝詞奏上

玉串奉奠

の祭典では基本的には「浦安の舞」と「萬代《よろずよ》の舞」の二種類のいずれかが奉納される。そして斎主による玉串奉奠《ほうてん》、神饌を下げる「撤饌《てっせん》」と続く。ここでも祭典によっては瓶子に蓋をすることで代用する。そして最後の斎主一拝。祭儀の場所から社務所へもどる「退下《たいげ》」の後、社務所前で整列して一連の流れが終る。この基本的な流れとは別に、巫女が手に持っている「採物《とりもの》」は季節によって花が異なるし、神事によっては榊や破魔矢《はまや》、扇などのこともある。また、神饌も季節性が感じられるし、菖蒲《しょうぶ》祭《まつり》では瓶子に菖蒲の葉が飾られるなど、微妙な変化がある。また、神事によっては神様に喜んでもらおうという趣旨で芸能を奉納することがある。一般に「神賑《しんしん》」と呼ばれ、相撲や流鏑馬、舞楽などがこれにあたる。せっかく何回も神事に参列するのであれば、大きな流れを理解したうえで、その神事毎の微妙な変化に注目していくと、さらに他の神事にも参列してみたいという関心が高まってくるのではないだろうか。ただし、参拝にあたっては、神事は観光行事ではないというポイントだけはしっかり認識しておきたい。むしろ、見ている人がいても、いなくても、粛々と神様に対して奉仕されるもので、だからこそ真摯な姿に論理を超越した神聖さを感じてしまうのだと思われる。

萬代の舞

浦安の舞

春の行事の特徴

この季節は、「鎌倉まつり」のように鎌倉市観光協会が主催する鎌倉最大の観光行事や、釈迦の誕生を祝う「降誕《ごうたん》会《え》」のように、さまざまな趣旨で行われる歳事が混在しているが、神社で奉仕される神事の基本は「予祝《よしゅく》」。日本が中央集権国家として成立した当初の姿は、稲作を中心とした農業国家だった。当時は豊作かどうかが、ほとんど国家の繁栄を決定付けていたわけである。今日のような灌漑設備や農具、品種があったわけではないから、降雨や日照などの自然環境が収穫に与える影響は今日では想像できないほど大きかったと思われる。そこで、早苗を植える季節に先駆けて神様に祈りを捧げ、その年の順調な天候と豊作を願う神事が行われていたようである。それらが今日まで伝えられてきた神事になっている。時代の変化とともに私たちの生活習慣も変わってきているが、寺社の歳事には、このように古くから伝えられてきたものが多く、日本人の生活習慣や文化に与えた影響は計り知れないほど大きい。そして、日本の伝統的な文化や作法、意匠といったものを今日まで伝えてくれる役割を担ってきたといっても過言ではないように思われる。神事や法要は観光イベントではないから、見に行くとか楽しみに行くというと語弊があるが、参列することで得られることは多い。ただ漠然と参列するのではなく、それぞれの趣旨や目的に思いを巡らせ、日本人が歩んできた道を想像することができる絶好の機会ではないだろうか。それができるのも、寺社が多い鎌倉ならではである。

鶴岡八幡宮菖蒲祭

舞殿で神職により鳴弦式が行われる鶴岡八幡宮の節分

二月

節分祭《せつぶんさい》

節分会《せつぶんえ》

◆鶴岡八幡宮　二月三日 十三時
◆鎌倉宮　二月三日 十五時
◆建長寺　二月三日 十時
◆長谷寺　二月三日 十一時

季節の分かれ目を節分と呼び平安時代には二十四節気あったが、しだいに簡略化されて立春、立夏、立秋、立冬の前日のみに限るようになった。さらに、室町時代頃から立春の前日だけを重んずるようになり、年越しの神事を行ってきた。平安時代の節分は『源氏物語』にも描かれている。一般に馴染みのある豆撒《ま》きは明の時代に中国から招来され、厄除として行われてきた。宮中の追儺式《ついなしき》の変形したもので、鎌倉では鶴岡八幡宮、鎌倉宮、建長寺、長谷寺などで行われる。同じ豆撒き

鶴岡八幡宮舞殿では年男、年女により豆が撒かれる

上・鎌倉宮では特設舞台を設えて豆撒きを行う

鎌倉宮拝殿で行われる「鬼やらい」

ながら、それぞれの個性を感じとって欲しい。

■鶴岡八幡宮の節分祭

豆撒きに先立ち本宮で神事が執り行われ、その後、舞殿で「鳴弦式《めいげんしき》」が行われる。衣冠装束で身をただした神職が、矢をつがえていない弓の弦を引いて、その音で邪鬼を払うという儀式。平安時代にはすでに成立していた儀式といわれているが、近年ではなかなか見る機会の少ない日本の伝統儀礼のひとつ。

■鎌倉宮の節分祭

本殿前に神職が集まり神事

上・建長寺方丈では豆撒きに先駆け大般若経転読が行われる

建長寺では法堂横に特設舞台を設けて豆撒きを行う

を執り行った後、拝殿で鉦《かね》や太鼓を一斉に打ち鳴らして悪鬼を追い払う「鬼やらい」が行われる。これも「鳴弦式」と同じように大音量で鬼を追い払うという儀式。その後、境内に設えた特設舞台の上から豆撒きが行われる。

■建長寺の節分会

かつては境内背後の勝上《しょうじょう》巌《けん》中腹の半僧坊《はんそうぼう》で行われていたが、近年は方丈の龍王殿に場所が移されている。豆撒きに先立って方丈で「大般若経転読会」が行われ、総門前や法堂《はっとう》横では桜川ぴん助社中による「江戸芸かっぽれ」が奉

長谷寺では豆撒きに先がけて観音堂の内陣で法要が営まれる

上・建長寺総門前では江戸芸かっぽれが奉納される

下・力士をはじめ有名人が多数参加して華やかな長谷寺の豆撒き

納される。その後、法堂横の特設舞台で豆が撒かれる。

■長谷寺の節分会

まず観音堂で僧侶により法要が営まれ、続いて大黒堂前に特設されたステージ上から、高砂部屋一門の力士をはじめ、各界の有名人が集まって、華やかに豆撒きが行われる。

各寺社とも撒かれた豆に印をつけておくことで、さまざまな記念品を授与するので、新年早々の運試しにと、はしごする拝観者も多い。なお、大船観音寺では日程をずらして、毎年二月一日に行われている。

二月

針供養《はりくよう》

荏柄天神社

二月八日 十時半

上・社殿の前に豆腐を乗せた三方が設えられる

右上・大きな豆腐に折れた針や待ち針などをつぎつぎに刺し供養する

右・拝殿には祈願者が集まり神職により供養の神事が執り行われる

二月と十二月の八日は「事八日」と呼ばれる物忌み日で、仕事を早く切り上げたり、慎んだりする風習があった。江戸時代に淡島神社の祭神・少《すくな》彦名命《ひこなのかみ》が裁縫を初めて教えた神ということから、淡島信仰と結びついて針供養が始まったといわれ、関東では二月、関西では十二月に行われてきた。淡島明神に祈願するのが本来だが、鎌倉にはないため天神社で定着した。裁縫に関係のある職種ではこの日は仕事を休み、古い針や折れた針を豆腐に刺して供養し、針仕事の上達を祈願する。

二月

大《だい》國《こく》禱《とう》会《え》成《じょう》満《まん》祭《さい》

◆ 長勝寺

二月十一日十時

上・頭から勢いよく冷水をかぶる行者たち

下・水行に先立ち大声で経が唱えられる

うちわ太鼓に導かれる行者姿の修行僧

千葉県の法華経寺の道場にこもり、前年の十一月から百日間の「寒の荒行」を積んできた僧たちが無事成満して、最後に水行で満了を示す法会。一般には「水行」とか「荒行」の名で親しまれている。帝釈堂や参道に信者が集まり合掌し見守る中、法要を行う前に、まだ寒風が吹きすさぶ境内で行者姿の修行僧がうちわ太鼓に導かれて水行場に向う。締め込み一つの裸になって大声で経文を唱え、続いて水しぶきをあげて冷水を頭からかぶり国家の安泰と世界平和を祈念する。

二月

涅《ね》槃《はん》会《え》

◆建長寺ほか

二月十五日 十時

導師を務める管長が侍香（じこう）から香を受け取る

参加する僧侶たちが一斉に三拝する

須弥壇に荘厳（しょうごん）される涅槃図。11月の宝物風入れでも公開される

右上・須弥壇上にて霊具膳を供える僧侶

維那（いのう）が回向（えこう）文を読誦し導師は手に柄香炉を持っている

釈迦入滅の日に報恩のために行われる法会。釈迦が生まれた日に営む「降誕会《ごうたんえ》」、悟りを開いた日に行われる「成道《じょうどう》会《え》」と合わせて三仏忌、これにそれぞれの寺院の開山忌を加えて四仏忌と呼び、とくに禅宗寺院では大切にしている法要。頭北面西で横たわる釈迦の周囲で弟子たちが歎いている様子を描いた「涅槃図」を架けて『涅槃経』や『仏遺教《ぶつゆいきょう》経《ぎょう》』を読誦《どくじゅ》する。建長寺では楞厳呪《りょうごんしゅ》を読誦する。かつては仏殿で行われていたが、近年は法堂《はっとう》で行われ、巨大な涅槃図が須弥壇《しゅみだん》上に架けられている。

二月

祈《き》年《ねん》祭《さい》

◆鶴岡八幡宮

二月十七日

拝殿で「浦安の舞」を奉納する巫女

斎主をつとめる宮司の玉串奉奠（ほうてん）

古くは「としごいのまつり」と読んだといわれている。「とし」は「稔り」の意味で、春のはじめに苗を植えるにあたって、その年の五穀豊穣を祈る祭がこの「祈年祭」。今は関谷と手広地区に専業農家はわずか三十四戸残されているだけだが、かつての鎌倉は半農半漁のまちで、至る所に田んぼや畑が広がっていた。全国的にみても農業はやや衰退して、近代以降は工業国に変身している。そんな時代の変化を反映して、今日では商工業も含めすべての産業の発展、国家の繁栄を祈

上・社務所前で並ぶ神職。着けている装束も神事によって異なっている

右上・本殿に向う巫女

氏子、崇敬者によって奉納された季節の野菜

る祭として斎行されている。古くはこの祈年祭に際して、朝廷から全国の神社には幣帛《へいはく》が頒布されていた。今日でもこの日には宮中三殿において祭儀が行われ、天皇陛下が親拝されるのをはじめ、全国各地の神社でも祈年祭が斎行されている。祈年祭に対応する秋の収穫を祝う祭が十一月の「新嘗祭《にいなめさい》」で、農耕民族であった日本人の精神性の源に通じる「祈年祭」と「新嘗祭」は、神社毎に日程の異なる年に一度の「例祭」と並んで、神社では特に大切に奉仕される神事である。

上・舞殿上に諸役を務める神職が勢揃い

右・最後に宮司の和歌が披講されている間、低頭している

最初に神事が執り行われ、斎主により祝詞が奏上される

三月

献《けん》詠《えい》披《ひ》講《こう》式《しき》

◆鶴岡八幡宮

三月最終日曜日　十三時

披講とは詩歌に節をつけて詠みあげること。平安時代より宮中に伝わってきた古式ゆかしい行事で新年のニュースでとりあげられる宮中歌会始を思い浮かべるとイメージしやすい。鎌倉時代には源頼朝が花見の宴を催した際に、管弦詩歌の儀を行ったという故事に因んで、平成十七年（二〇〇五）より行われている。神職が、読師《どくじ》、講師《こうじ》、発《はっ》声《せい》、講頌《こうしょう》の諸役を務める。毎年披講される和歌は鎌倉幕府第三代将軍・源実朝の一首と、他は公募した和歌の中から入賞した作品。

旗《はた》上《あげ》辨《べん》財《ざい》天《てん》社《しゃ》例《れい》祭《さい》

◆鶴岡八幡宮

四月初巳の日
十一時

上・社務所前から参道を三ノ鳥居に向って参進するのもめずらしい光景

右・藤棚の下に設えられた祭場で巫女舞が奉納される

崇敬者からは卵が奉納される

源氏池の中島にある神社で、鎌倉江の島七福神にもなっている通称弁財天がご祭神。一般には弁天さまとして親しまれている弁財天は、もとはインドのサラスバティという河の神様。美しい河の流れの音から発展し、音楽の神として信仰されてきた。日本でも、古くは「弁才天」と書かれて芸事の上達を祈願していたが、次第に「弁財天」と書かれるようになり、財産の神としての性格が加わった。人頭蛇身の宇賀福神と弁財天が習合して捉えられていることから、神前に蛇の好物・卵が供えられる。

四月

降誕会《ごうたんえ》

◆◆
建長寺
長谷寺

四月八日 十時
四月八日 十一時

法堂（はっとう）の本尊前に設えられた花御堂

右下・法要の始めに献茶、献飯が行われる

下・柄香炉で焼香する導師

釈迦牟尼の生誕を祝う釈迦三大法会のひとつ。「灌仏会《かんぶつえ》」「仏誕会」「仏生会」「浴仏会」などとも呼ばれるが、一般には「花まつり」の名で親しまれている。『日本書紀』に、「推古天皇十四年（六〇六）四月八日、丈六仏を元興寺に奉納して仏事を修した」とあり、これを我が国の灌仏会の最初とする説がある。花御堂の中に甘茶を入れた水盤を置き、中央に安置された誕生仏に甘茶をかけて供養をする。仏伝によると、釈迦はルンビニーの園で母の摩耶夫人が無憂樹《むうじゅ》に手をかけた時、その右脇から生まれ、その後七歩

上・誕生仏は秋の宝物風入れでも公開される

下・満開のサクラが華やかな長谷寺の灌仏会

僧侶の手で、誕生仏に甘茶がかけられる

歩いて天と地を指差し、「天上天下唯我独尊」と唱えたといわれる。この時、天の神々が降りてきて香水で洗浴し、八大龍王が雨を降らせて沐浴したといわれている。この言い伝えに由来するのが降誕会で、建長寺の法要は中国宋朝様式をよく伝えている。また、長谷寺の「灌仏会」は屋外で行われるが、サクラの木の下に花御堂を設えて行われ、サクラの開花と重なるため華やかな雰囲気に包まれる。仏教の大切な法会の一つなので、鎌倉仏教会やほか市内各宗派の寺院でも八日前後の日程で行われる。

奥の院にある巨大な五輪塔・忍性墓

四月

釈迦《しゃか》如来《にょらい》立像《りゅうぞう》特別《とくべつ》開扉《かいひ》
◆極楽寺

四月七日 十二時〜十五時
八日 十時〜十五時
九日 十時〜十二時

忍性《にんしょう》墓《ぼ》特別《とくべつ》公開《こうかい》
◆極楽寺

四月八日
十時〜十五時

極楽寺開山の忍性《にんしょう》は「社会福祉の祖」として知られていて、境内には忍性が薬作りに使用したという製薬鉢や千服茶臼など当時の活動を偲ばせる遺品が残されている。奥の院にある忍性墓は日頃は非公開だが、灌仏会《かんぶつえ》当日に限って一般に参拝が許される。形の整った五輪塔で高さ三・九メートルもある鎌倉有数規模の巨大な塔は、国重文。奥の院まで足をのばすと、極楽寺古絵図にも描かれているかつての境内の広さを体感できる。また、極楽寺には釈迦如来像が二体ある。一体は釈迦が説法をしている姿で、転

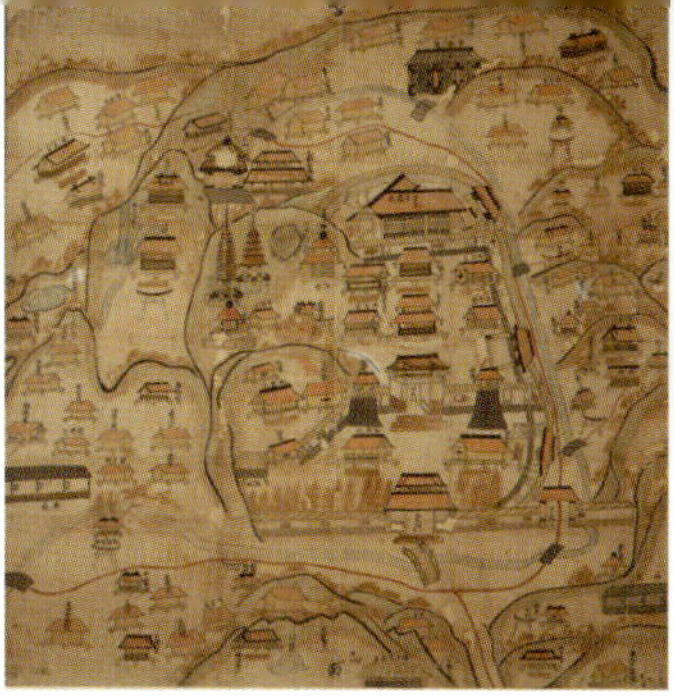

往時の境内の様子を伝える極楽寺古絵図

手の印がめずらしい釈迦如来坐像（転法輪釈迦）

法輪印という日本に二体しかないめずらしい手印を結んだ坐像。境内の転法輪殿と呼ばれる宝蔵庫で四月二十五日～五月二十五日、十月二十五日～十一月二十五日の火・木・土・日曜日のみ公開されている（雨天休館）。もう一体が京都・清凉寺の本尊を模したという清凉寺式釈迦と呼ばれる立像でこの寺の本尊。こちらは、日頃は厨子の中に安置されていて非公開。灌仏会前後の三日間に限って厨子が開扉される。すらりとした立ち姿と美しく流れる衣紋の意匠はとても印象的で、鎌倉を代表する名仏のひとつ。

四月

鎌《かま》倉《くら》まつり

◆鶴岡八幡宮ほか

四月第二～第三日曜日

古式ゆかしく再現される静の舞

源頼朝墓で墓前祭が行われる四月十三日を挟む日曜日から日曜日までの九日間に、鎌倉市観光協会が主催する鎌倉最大の観光行事。南フランスの保養地・ニースで行われていたカーニバルを参考に、昭和九年（一九三四）に久米正雄や大佛《おさらぎ》次郎などの文学者、漫画家の横山隆一などが主導して開催した「鎌倉カーニバル」が起源。カーニバルは若宮大路の交通渋滞などを理由に昭和三十七年（一九六二）を最後に中止された。その後、桜まつりとして復活した後、現在の形になった。初日には

上・若宮大路をパレードする町内神輿

右上・舞が終ると撮影用に回廊でポーズをきめてくれる

下・期間中に源頼朝墓では墓前祭が執り行われる

右・鶴岡八幡宮境内に続々と各町内の神輿が入ってくる

市立体育館から鶴岡八幡宮までパレードが行われ、ブラスバンドや梯子《はしご》乗り、各地区の神輿や囃子が若宮大路を練り歩く。午後には舞殿で静の舞が奉納される。『吾妻鏡《あずまかがみ》』によれば、文治二年（一一八六）四月八日、源頼朝と北条政子は鶴岡八幡宮に参詣し、京都で舞の名手として知られた源義経の愛妾《あいしょう》・静御前を召し出した。再三にわたる命を固辞していた静だが、ついに若宮の回廊で舞うことになった。工藤祐経《すけつね》が鼓を、畠山重忠が銅拍子《どうびょうし》の役を務め、静は「吉野山　峯の白雪踏み分けて入

次々に三的を射抜く豪壮な流鏑馬

上・境内では勇壮な流鏑馬太鼓も奉納される

右・社務所前で行われる天長地久式（国の安泰と五穀豊穣を祈る儀式）

右下・流鏑馬の安全を祈願して神職が馬場を清める

流鏑馬の安全を祈願して舞殿では神酒拝戴の儀が行われる

りにし人のあとぞこいしき」「しずやしず　しずのおだまき繰り返し昔を今になすよしもがな」と義経への思いを詠いながら舞ったという。この故事にちなんで、鎌倉芸能連盟所属の各流派が輪番で古式ゆかしい舞を奉納している。金烏帽子《えぼし》に白の水干《すいかん》、緋の長袴で舞われ、古都鎌倉らしい歴史を感じさせてくれる。最終日には境内の流鏑馬馬場で武田流司《つかさ》家による流鏑馬が奉納される。肥後細川家に伝わる故事に拠るという武田流の流鏑馬はスピード感にあふれて迫力満点である。

上・斎主による祝詞奏上

右・この日に供えられるお神酒は菖蒲酒

菖《しょう》蒲《ぶ》祭《まつり》

◆鶴岡八幡宮

五月五日 十三時

菖蒲祭にふさわしく巫女の採物には花菖蒲がみられる

現代ではこどもの日だが、三月三日の女児の「ひな祭」と並び、かつては「端午の節句」「菖蒲の節句」といわれる主として男児の節句。平安時代から行われていた節会《せちえ》のひとつで、宮中では古くから競馬や騎射が行われて、節会も盛んだった。古来より菖蒲は不浄を払い邪気をさけるものと信じられてきた。また、「尚武（武を尊ぶ）祭」ともいい、武家の都にふさわしく鎌倉では武芸の奨励の側面をもっていた。『吾妻鏡《あずまかがみ》』の文治三年（一一八七）五月五日に、初めて節句の神事が行わ

上・菖蒲祭に引き続いて舞楽が奉納される

美味しいものは神様にたくさん召し上がっていただこうと柏餅の数も多い

れたことが記されている。現在の菖蒲祭がこれにあたる。舞殿の祭壇に菖蒲酒が供えられ、氏子崇敬者の無病息災と延命長寿を祈念して神事が執り行われ、引き続き舞楽の奉納がある。鶴岡八幡宮の舞楽の歴史は古く、鎌倉時代までさかのぼる。当時の舞楽面が五面伝えられていて、国の重要文化財に指定されている。

また、子どもたちにお年寄りに対する敬慕の念を抱いてもらおうと、敬老会の八十歳以上の人には八幡宮の鳩に因んだ鳩杖を、九十歳以上には緋の座布団を授与している。

5人が順番に的を射っていく

古式にのっとり勝敗を記録していく

五月

草鹿《くさじし》

鎌倉宮

五月五日 十三時

建久五年（一一九四）、源頼朝が富士の裾野で巻狩を催した際、家人が度々鹿を射損ねたため、古老の武士に射術の練習方法を尋ね、草を束ねて鹿の形を作って稽古したのがこの神事の起源だといわれている。もともとは騎射であったが、近世になって歩射の式として行われている。起源からも分かるように「大的式」や「三三九手挟式《さんざくてばさみしき》」のような厳格な礼射《れいしゃ》ではなく、古書にも「遊射なり」とあるように、あくまで競技的な目的で行われてきたもの。五人ずつ二組に分れた射手が、鹿

上・元は藁を束ねたという鹿の形をした的

射手１人につき２矢ずつ順番に射っていく

勝者には神職より菖蒲が授与される

の形をした的を射って、組ごとの合計点数を競う神事。鹿には的が描かれ、矢が当たった場所によって獲得できる点数が異なる。また、矢が的に当たっても奉行からの質問に、射手が矢所《やどころ》（当たった場所）を正確に答えられないと外れとみなされるなど、姿勢や所作なども含めて古式にのっとった独特なルールで行われる。射手と奉行のこのようなやり取りが、すべて中世の言葉でやり取りされるため、式場は独特の雰囲気につつまれる。勝ち組の大将には、神職より菖蒲が授与される。

春

五月

茶筅供養《ちゃせんくよう》

◆建長寺

五月二十八日　十時三十分

茶道は安土桃山時代に千利休によって確立されたが、一方で禅宗には「茶禅一味《ちゃぜんいちみ》」の言葉がある。また日本における臨済宗の祖といわれる栄西《ようさい》が茶の種（苗ともいわれる）を日本に伝え『喫茶養生記』を記して鎌倉幕府三代将軍源実朝に献呈するなど、茶と禅の関係は深く、茶道のルーツは禅だともいえる関係にある。

このような事情に加えて、建長寺の修行道場がある西来庵《せいらいあん》（非公開）の参道を抜けた墓地には織田有楽斎墓と伝えられる大きな五輪塔もある。有楽斎は織田信長の弟で、茶道を千利休に学んだ七哲の一人である。実際は

上・管長に続いて和尚、一般の参列者が茶筅を焚きあげる

大柝（おおたく）による合図でお経をよむ

供養する茶筅を燻香する管長

その孫・織田三五郎長好の墓といわれているが、このような縁から、建長寺唐門前の一角には茶筅塚と茶碗塚がある。このように、建長寺は茶道と深い関わりを持っていることから、年に一度、塚の前に棚が設けられて茶筅供養が行われている。表千家、裏千家、鎌倉に宗家のある宗偏流など茶道の各流派の参列者が多数集まり、茶道の上達を祈願するとともに、日頃の感謝の気持ちをこめて、使い古した茶筅を持ち寄り法要中に焚きあげて供養する。その後、参列者は境内各所に設けられた各流派の茶席で当日の呈茶をいただく。

夏の行事の特徴

市内各所の神社では一年を通じて様々な神事が執り行われるが、「祭」といえばまず夏を思い出す。俳句の季語としても他の季節に行われる祭は「春祭」、「秋祭」と呼ばれているのに対して、ただ「祭」といえば夏祭のことを指している。春秋の祭が農耕と深く結びついて豊作祈願だったり五穀豊穣への感謝だったりするのに対し、夏祭りはちょっと趣が違っている。京都・祇園社（現在の八坂神社）の祇園祭に代表されるように、この季節は悪霊を退散させ、穢《けが》

八雲神社例祭（大町）

れを水に流すという御霊信仰と結びついている祭が多い。現代でも夏場は食中毒などに注意が必要だから、時代が遡ればなおさら。夏には今では想像できないほど疫病が流行していた。『古事記』や『日本書紀』をはじめ、鎌倉時代の歴史書『吾妻鏡《あずまかがみ》』などにも、天皇家をはじめ貴族や上級武士が疫病に罹ったことが記されている。当時は衛生状態が悪く、現代のように効果的な薬があるわけでもなかったので、悪疫を除くには「夏越《なごし》の祓《はらえ》」のようにひたすら神仏に頼ったのだろう。これが夏に祭が多い理由。神道には、四季の変化に応じ、日本の風土に対応した神事が多い。一方、寺院では仏教が大陸から伝えられた宗教であることが影響しているのか、あまり季節性を意識した法要は営まれないようである。夏という季節性を感じるのは、盆の法要と精霊流し、施餓鬼くらいだろうか。ただ、施餓鬼は夏に行われることが多いが、正式には一年中いつ行ってもよい法要で、地域や寺によって、他の季節に営まれる例もある。

六月

蛍放生祭《ほたるほうじょうさい》

◆鶴岡八幡宮

六月上旬　十八時

柳原神池のほとりで神職やミス鎌倉によって蛍が放生される（一般公開は翌日から）

蛍の生育と放生を通じて、豊かな四季と生命の尊さに思いを馳せ、その中で生かされていることを神々に感謝する祭。もとは仏教の法要で、魚や鳥などを捕えてから放生する同様の法会が行われる例は多い。鶴岡八幡宮でも明治初年までは神仏習合の鶴岡八幡宮寺であったため、鎌倉時代から放生会が営まれていた。これに因んで、平成十六年（二〇〇四）から開催されている祭。春に鶴岡幼稚園の園児によって、蛍の生育に欠かせないカワニナと蛍の幼虫が柳原神池へ注

右・放生に先駆けて舞殿で神事が執り行われる

上・神前には境内で生育した蛍が供えられる

下・3月上旬には柳原神池に注ぐ清流に蛍の幼虫とカワニナが放流される

舞殿での巫女舞も夜間奉納では雰囲気が異なって感じられる

ぐ清流に放たれる。放生祭当日は境内で育った蛍が神前に供えられ、舞殿で神事が執り行われる。神事の流れに大きな差異はないが、夜間のため舞殿にぼんぼりが設えてあり、幻想的な雰囲気。巫女舞が奉納された後、柳原神池の畔で、宮司、鶴の子会の子どもたちによって蛍が放たれ、境内に飛び立つ。うっそうとした森に包まれた神域に放たれた約千匹の蛍が灯す光はまことに幽玄。この日から約一週間は夜間も参拝ができるので、多くの参拝者が境内を訪れる。

六月

葛原岡神社例祭《くずはらおかじんじゃれいさい》

葛原岡神社

六月三日 十一時

上・由比ヶ浜の細い路地を巡行していく神輿

右・場所がら江ノ電沿線を神幸していく

鎌倉市の景観重要建築物等に指定されている「かいひん荘鎌倉」の玄関前が御旅所になっている

葛原岡神社は後醍醐天皇に仕えた朝臣・日野俊基《ひのとしもと》が祭神で、神社のある葛原ヶ岡は俊基が倒幕計画に加わった罪で斬首された刑場跡。例祭は当然のことながら葛原ヶ岡にある社殿で営まれる。一方、神輿の神幸は六月の第一日曜日に行われ、由比ヶ浜大通りにある御旅所を出発点に、バス通り周辺の路地から路地へと巡行していく。場所がら江ノ電の線路が近くを通っているため、江ノ電と神輿が絡んだ風景が見られるのが特徴。鎌倉の夏祭の第一弾で、地元ではこの日を境に鎌倉に夏がやってくるといわれている。

六月

瑞賢忌《ずいけんき》

◆建長寺

六月十六日十時

上・二つある墓のうちの向かって左側が河村瑞賢の墓

上・屋外では大磬（だいけい／法要で使う鐘）のかわりに引磬（いんきん）を使う

墓前のお供えを間近に見られるのも屋外の法要ならでは

河村瑞賢《かわむらずいけん》は伊勢出身の豪商で、先祖が相模国（神奈川県）の河村に住んでいたので河村姓を名乗ったといわれている。江戸時代に西廻り奥州航路の廻船開発などの海運や淀川の治水などで活躍し、巨万の富を築いた。禅に深く帰依し、別荘が建長寺の裏にあったという縁で境内に墓があると思われる。建長寺の寺宝のなかにも、瑞賢奉納の「蒔絵長柄文台《ながえふみだい》」があるが、これも難波（大阪市）の長柄川の治水工事で掘り出した古杭から作ったといわれている。毎年六月に法要が行われている。

六月

五所神社例祭《ごしょじんじゃれいさい》（乱材祭《らんざいさい》）

◇五所神社

六月第二日曜日

右・本社神輿は伝統的な白丁姿で担がれる

左・天王謡に合わせて担がれる神輿にふさわしい「唄」の印半纏

上・光明寺前の御旅所で海上渡御の支度をする

下・神輿の巡行には稚児行列もでて先導する

左・賽銭を包む様式にも地域ごとの個性が感じられる

本社神輿以外の２社が勇壮に材木座海岸で海上渡御

材木座の鎮守・三島社に明治四十一年（一九〇八）、八雲社、金毘羅社、諏訪社、視女《みるめ》八坂社が合祀されて五所神社と改称した。土曜日の夕方から宵宮が行われ、提灯を付けた神輿が町内を練り歩く。明くる日曜日には神社から材木座の商店街を三社の神輿が神幸する。本社神輿は昔ながらの白《はく》丁《ちょう》姿で鎌倉天王謡に合わせて緩やかに蛇行しながら担ぐ、古来の御幸担ぎが行われる。クライマックスは海上渡御で、光明寺の門前で準備を整えてから材木座海岸に向い、三社の内の二社が海へ入って行く。

上・舞殿西庭で大祓詞を奏上する

右・切麻で身を清める神職

左・参拝者が人形で清めた穢れを大きな人形に移す神職

大祓式《おおはらえしき》

◇鶴岡八幡宮

六月三十日 十一時、十三時、十五時、十七時

日常生活で知らず知らずに犯してしまった罪や穢《けが》れを祓い去り、活力を失った心身に生気を甦らせるための神事。

鶴岡八幡宮では舞殿西庭で神職と参拝者がまず祓詞《はらえことば》を唱和し、麻と紙を小さく切った切《きり》麻《ぐさ》を身にまいて清め、紙でできた人形《ひとがた》に息を吹きかけ身体を撫で、この人形を身代わりにして半年間の罪穢の祓いをする。式後には祭員はじめ氏子や参列者が参道に設けられた直径二・五メートル、太さ十センチの大きな「茅《ち》の輪」を、左・右・左と八の字状に三回くぐる。茅の輪くぐ

上・８の字状に３回茅の輪をくぐる神職

参拝者にお祓いをする神職

夏

りは全国的に行われている風習で、「水無月の　夏越《なごし》の祓《はら》えする人は　千歳の命のぶというなり」と黙誦しながらくぐる地域もある。また、当日は「おはらひさん」と呼ばれる輪飾りも希望者に授与される。茅の輪くぐりもおはらひさんも、蘇民将来《そみんしょうらい》の子孫が腰に茅の輪を巻いて疫病から身を守った故事に由来している（P108参照）。市内にはこのおはらひさんが四季を通じて掛けられているが、六月の大祓には青い紙垂《しで》の、十二月には赤い紙垂のおはらひさんが授与される。

七月

七夕祭《たなばたさい》

鶴岡八幡宮

七月七日　十七時

左・梶の葉がデザインされた短冊や色紙

右・七夕らしく装飾された舞殿

中国では古くから牽牛《けんぎゅう》と織女《しょくじょ》の二星が、年に一度だけ出会う夜という伝説に基づいて、女性が裁縫の上達などを願い祈る祭があり、「乞巧奠《きっこうでん》」と呼ばれていた。これが日本にも伝えられ、天平勝宝七年（七五五）には初めて清涼殿の庭で行われた。やがてこの乞巧奠と我が国固有の信仰とが習合して確立したのが、一芸の上達を祈願する今日の七夕祭だといわれている。江戸初期の資料に鶴岡八幡宮でも七夕祭が行われていた記述があるため、京都の冷泉《れいぜい》家に伝わる祭などを参考にして平成

五色の短冊のルーツとも言える五色の糸と反物

かつてはこの梶の葉に和歌を書いて水に浮かべたという

和歌や習字の上達を祈る硯にも鶴の意匠が施されている

上・七夕には吹き流しがつきもの

十六年（二〇〇四）に復活させた。古代には七枚の梶の葉に和歌を書いて供え、願い事が叶えられることを祈る風習があったことから、神前には梶の葉、そしてウリやナス、ササゲなど古式にのっとった季節の食材、五色の糸や反物、琵琶、琴などが供えられ、芸事の上達とともに、神と人、人と人の縁を祈る。期間中は梶の葉を象った色紙と短冊形の絵馬が用意され、五色の紐に結び付けられて神前に奉納される。仙台や平塚とは一味違う古式を感じさせてくれる七夕である。

上・天王謡とともに大町の町内を巡行していく

右・地元に今も残されている神輿くぐりの風習

左・地区の祭らしく路地から路地を巡っていく

八雲神社例祭《やくもじんじゃれいさい》（大町《おおまち》まつり）◆八雲神社

七月七〜十四日の間の土曜日から三日間

八雲神社は古い厄除開運の社。永保年間（一〇八一〜一〇八四）に新羅《しんら》三郎義光《さぶろうよしみつ》が後三年の役に際して、兄の八《はち》幡太郎義家《まんたろうよしいえ》の助勢に奥州に赴く途中、疫病に苦しむ人々を見て京都祇園社（現在の八坂神社）の祭神を勧請《かんじょう》したのが始まりとされている。明治初年の神仏分離令で鎌倉祇園社から八雲神社に改称した。例祭初日の昼間、四社ある神輿を白丁《はくちょう》姿の氏子たちが鎌倉天王謡を謡いながら担いで、町内を練り歩く。鎌倉では大半が印半纏姿の江戸かつぎや甚《じん》句《く》でかつぐ相模のドッコイ担

上・提灯をつけた神輿４社の神輿ぶりは夜祭のハイライト

４社の神輿が勇壮に境内を回る宮入り風景

ぎに変わってしまったが、鶴岡八幡宮と材木座の五所神社、大町の八雲神社などが古来の担ぎ方を今も残している。地元では生まれたばかりの子どもが神輿の下をくぐると健康に育つという「神輿くぐり」の言い伝えがあり、道中で赤ちゃんを抱いた母親が神輿を待っている姿が見られる。疫病退治の神社らしい風習である。夜になると神輿に提灯が取り付けられ、神輿ぶりを披露する。大町四ツ角で四社が連結されて回転するクライマックスは、鎌倉ではめずらしい勇壮な夜祭りの魅力がある。

上・江の島八坂神社と小動神社の神輿が江ノ電の脇を神幸する

天王祭では神輿以外にも随所に様式美があふれている

七月

天王祭《てんのうさい》

◇小動神社
◇八坂神社

七月第一～二日曜日

昔、小《こ》動《ゆるぎ》神社から流失した御神像が江の島に流れ着き、これを八坂神社の御神体として祀った。この故事により、海を隔てた二社が合同で行う行合《ゆきあい》祭《まつり》。小動神社では七月第一日曜日に神輿が出御し、町内を渡御したのち神社下の天王屋敷と呼ばれる御仮屋に一週間安置される。古くは飾人形付きの山車五台が勢揃いし、これを運行するため江ノ電の架線をはずし、電車は祭礼終了まで折り返し運転であった。昭和三十七年に山車が焼失して以来中止となり、現在は期間中、各所に人形が飾られて

上・江の島の対岸、片瀬東浜では小動神社の神輿が海に入る

上・江島神社の参道を降りてきた八坂神社の神輿。この後、弁天橋のたもとで海上渡御する

右・源頼朝と御所五郎丸の人形が飾りつけられた土橋町の山車

左・御旅所の天王屋敷に２社の神輿が揃い神事が行われる

往時の面影を偲ばせてくれる。人形は腰越の旧地名で中原町が須佐之男命《すさのおのみこと》、浜上町が源義経と弁慶、下町が神功《じんぐう》皇后と武内宿弥《たけのうちのすくね》、土橋町が源頼朝と御所五郎丸、神戸町が八幡太《はちまんた》郎義家《ろうよしいえ》と鎌倉権五郎景政《ごんごろうかげまさ》と決まっている。最終日の第二日曜日には八坂神社の神輿が江の島弁天橋のたもとで、片瀬東浜では小動神社の神輿が海上渡御する。その後、龍口寺前で二社の神輿が出合い、線路沿いに仲睦まじく御旅所に向う。その後、御旅所での神事が終わると、八坂神社の神輿は江の島へと帰っていく。

七月

三門《さんもん》梶原《かじわら》施餓鬼会《せがきえ》

◆建長寺

七月十五日 八時

三門下での行道（ぎょうどう）はこの日だけの光景

「施餓鬼会」は、生前の罪障によって餓鬼道に堕ち、満足に食を摂ることができない一切の衆生に陀羅尼《だらに》の力で食を施す法会で、宗派を問わず広く仏教寺院で行われている。盂蘭盆経《うらぼんきょう》による盂蘭盆会を大施餓鬼会ともいい、中国の宋代に盛んであった。建長寺の開山・蘭渓道隆《らんけいどうりゅう》も宋より来日すると毎年この法会を行っていた。ある年、法会が終ったところに一人の武将が馬に乗って駆け込んできたが、すでに施餓鬼が終っているのを見て落胆した様子で立ち去っていった。この様子を見てい

樒（しきみ）の葉で水を供養する管長

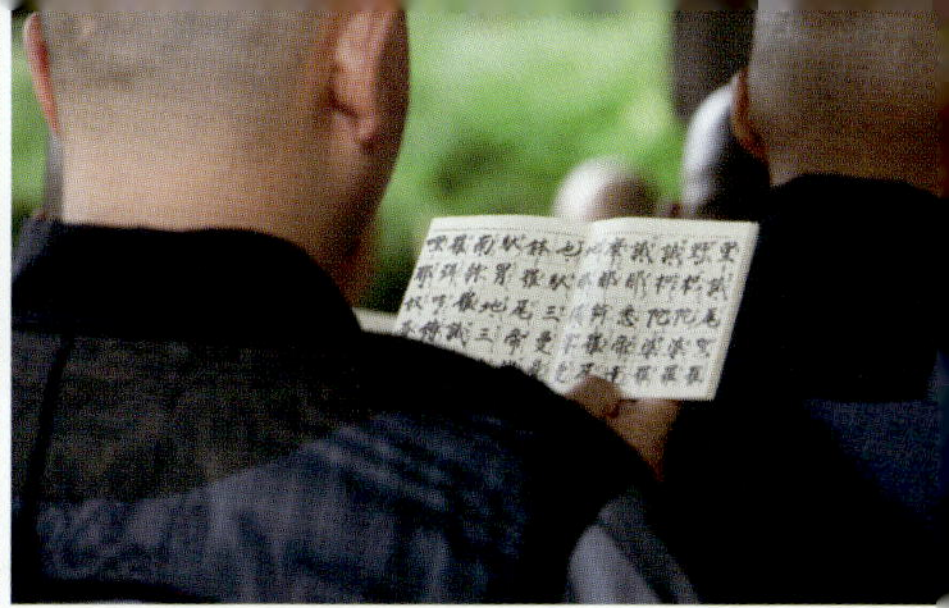

上・梶原施餓鬼会では開山が伝えたという梵語心経を読誦する

下・回向（えこう）文には「三門施餓鬼会」の文字が記されている

た開山禅師はかたわらの僧に武将を呼び戻させ、改めて施餓鬼会を執り行うと、武将は喜んで自分が梶原景時《かげとき》の亡霊であることを告げて立ち去っていった。これに因んで、建長寺では午前中に三門施餓鬼、午後に梶原施餓鬼を行うのが習慣になっていたが、近年は午前八時から約一時間、この二つの施餓鬼を立て続けに行うようになっている。連続して執り行われるので分かりづらいが、法会の途中で導師の管長が退き、開山が宋から伝えたという梵語心経《ぼんごしんぎょう》を読むところからが梶原施餓鬼。

七月

石《いし》上《がみ》神《じん》社《じゃ》例《れい》祭《さい》

◆御霊神社

七月 海の日

上・神輿が浜にでると、ここでもう一度神事が執り行われる

神輿は地元の漁船にのせられて海上渡御する

御霊神社の境内右手に立つ小さな宮造りの建物のうち左から二番目が石上社。すぐ背後に先端が尖った二メートル余の竪石がある。かつて坂ノ下の海に岩礁が突き出ていて、満潮時には海中に没するため海難事故が相次いだ。この岩を割って一部を引き上げて祀り、航行の安全を祈願したのが石上社。海神を鎮め、海で遭難した人々の霊を慰め、併せて漁師の航海安全を祈願する例祭で「御《ご》供《く》流《なが》し」とも呼ばれる。境内に続いて浜でも神事が執り行われ、その後、神輿は船に遷され神職

沖合で御供を口にいれて神人（しんじん）共食する若者たち

境内から坂ノ下の路地を抜けて海岸へ向かう神輿

ここがかつて海中に岩礁があったといわれる場所

ともに沖合へ向う「海上渡御」が行われる。「御供」と呼ばれる御幣《ごへい》を立てた高盛の赤飯を若者が交代で高く掲げて泳いでいく。岩礁のあった場所（小動《こゆるぎ》岬の陰から江の島が見える位置）に達すると、船上での神事の後、若者たちが一口ずつ御供を食べ、最後は海中に投げ入れて海神に供える。第二次大戦直後頃まで、地元住民の間では祭礼が終るまでは海水浴をしない風習があったようだ。昭和初期までは石上社の祭礼で授かる水難除けの木札を身に付けて海に入る習慣もあったという。

上・薄暮時が一番美しい献灯会が行われる境内
下・海岸での回向に向かう稚児の行列

本堂の法要では導師が施餓鬼壇に向かって読経する

七月

献《けん》灯《とう》会《え》

◆ 光明寺

七月下旬の日曜日

材木座海岸の海難者と魚介類の供養を併せて行う法会。浜で燈籠を流す「浜施餓鬼」が環境保護の観点から、現在は献灯会となった。本堂で法会の後、僧侶と稚児が海岸までお練りをし、浜では「根本陀羅尼《だらに》」で回向《えこう》する。前日の土曜と当日は境内で観蓮会も行っている。本堂と開山堂に挟まれた記主庭園の庭には、大賀博士が発芽させたことで有名な「大賀ハス」、「古代ハス」、「千年ハス」などと呼ばれるハスが咲く。有料だがハスの葉で酒を飲む「象鼻杯《ぞうびはい》」を体験できる。

初日には源氏池のほとりで夏越祭が行われる

社務所前に設えられた茅の輪をくぐる神職

八月

ぼんぼり祭《まつり》

◆鶴岡八幡宮

八月立秋の前日～九日 終日

夏

立秋の前日から九日の間に行われる祭。市内在住の書家や画家などの芸術家、鎌倉ゆかりの著名人たちから揮毫《きごう》を受けたぼんぼりは圧巻。赤橋（太鼓橋）から舞殿前までの参道両側、大石段、白旗神社前から鎌倉国宝館前、流鏑馬馬場などに大小約四百基のぼんぼりが掲揚され、夕暮れ時に巫女により火が入れられる。暑さも多少和らいだ夕暮れ時の境内を彩る古都らしい風物詩として、鎌倉市民に親しまれている。初日の午後三時から「夏《な》越《ごえ》祭《まつり》」が執行される。源氏池畔の祓所でその年前半

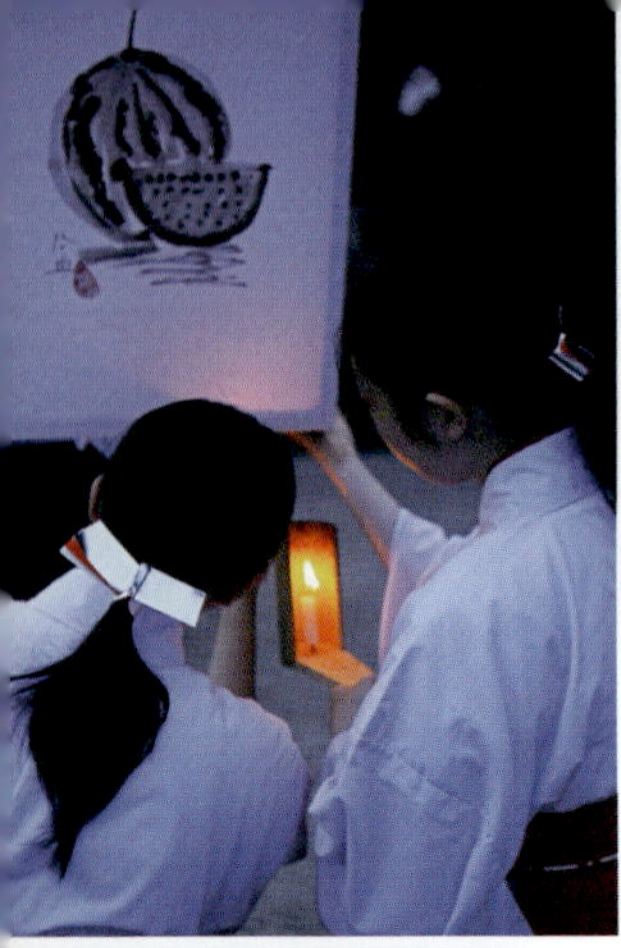

上・掲出前のぼんぼりは一堂に集められて管理されている

左上・夕暮れ時になると巫女がぼんぼりに火を入れる

右・鎌倉国宝館前を参進する実朝祭を奉仕する神職

左・最終日には白旗神社で実朝祭が行われる

の厄を祓うことから「夏越祓《なごしのはらえ》」、旧暦の六月に行われていたことから「水無月祓《みなづきばらえ》」とも呼ばれる。左縒りの解縄《ときなわ》、右縒の解縄、麻の葉、人形を使って人体を祓う。その後、舞殿前の参道にしつらえられた茅《ち》の輪を、まず神職が左、右、左と八の字状に三回くぐって疫病退治を祈願する。これに氏子や参拝者も続く。茅の輪をくぐると疫病にかからないという信仰は蘇民将来《そみんしょうらい》の説話が由来となっている。ある時牛頭《ごず》天王が困っていると、裕福な弟の巨旦《こたん》将来は素知らぬふりをしたが、貧しい兄の蘇

赤橋（太鼓橋）からはぼんぼりが架けられた境内を一望できる

民将来は天王を救った。そこで、牛頭天王は蘇民将来の子どもが腰に茅の輪を着け「蘇民将来の子孫」と唱えれば疫病から逃れられると約束したという。翌日の立秋祭は、実りの秋を言祝《ことほ》ぎ、夏の間の無事を感謝する神事。最終日は『金槐和歌集《きんかいわかしゅう》』など文化芸術などに縁の深い鎌倉幕府第三代将軍・源実朝の誕生日。遺徳を顕彰して短歌や俳句、茶道、華道の奉献者たちが多数参列して神事が執行される。神前にはこの祭典のために選ばれた俳句や短歌などが献上される。

七~八月

鎌倉花火大会

◆由比ヶ浜海岸ほか

七~八月日程未定

鎌倉花火大会のハイライト・水中花火

昭和二十四年（一九四九）に始まった鎌倉市観光協会主催の花火大会。二千発以上が由比ヶ浜沖の台船上から打上げられる。なかでも移動する船から海中に投げ入れられる、水中花火が圧巻。船は炸裂する花火から逃げるように高速で進みながら、次々に花火を投げ入れるが、逃げる船に覆いかぶさるように火の粉が舞い散る。由比ヶ浜から材木座海岸、坂ノ下海岸は二十万人近い観客で埋め尽くされるため、地元民は光明寺裏山や天園、十王岩周辺など、市の中心部を取巻く高台に集まる。

八月

四万六千日《しまんろくせんにち》

杉本寺
長谷寺
安養院

八月十日 零時

上・杉本寺では観音堂前に僧侶が勢揃いして散華が行われる

施餓鬼棚の後ろに並べられた檀家の卒塔婆

観世音菩薩の結縁日で、この日に参詣すると四万六千日分参詣するのと同じ功徳《くどく》があるという。また、深夜から早朝に参詣するとよいとされることから「朝詣」の別名もある。四万六千日といえば、百二十六年余になるから、つまり一生功徳があるという訳である。これはとくに経典に書かれている訳ではなく、江戸時代中期に始まった風習。以前からあった「千日詣」の功徳に匹敵するものとして盛んになり、浅草の浅草寺や京都の清水寺、大阪の四天王寺など、各地の観音像を祀る寺院で縁日が持たれる

上・当日は杉本寺仁王門に提灯が掛けられる

宗派によって施餓鬼棚の雰囲気も異なる。杉本寺は天台宗

施餓鬼棚へ向かう僧侶の列

ようになった。鎌倉では杉本寺、長谷寺、安養院で行われ、いずれも九日の深夜零時から多くの参拝者を集める。杉本寺では十日午前六時から観音堂で護摩供養が行われ、午前十時より堂内と前庭で僧侶が読経、散華などして、引き続き施餓鬼会が行われる。一方、長谷寺は展望台からの日の出が美しいことで知られているが、元旦とこの日だけが貴重な機会。門前の古老に聞くと、かつては参拝者の下駄の音が夜を徹して響くほどの人出だったらしい。安養院でも午前三時前後には多くの信者が集まる。

右・法堂内を行道する一山の僧侶。建長寺の末寺の尊宿（和尚）200人余が参加している
上・輿に乗せられた開山禅師像は境内を巡堂検単する

八月

建《けん》長《ちょう》寺《じ》開《かい》山《さん》忌《き》

◆建長寺

八月二十三日〜二十四日

建長寺開山の蘭渓道隆《らんけいどうりゅう》（大覚禅師《だいがくぜんし》）は寛元四年（一二四六）に鎌倉幕府第五代執権・北条時頼が中国から招いた高僧。禅宗では祖師崇拝が特に重んじられることから、建長寺の開山忌は鎌倉の寺院で行われる法会のなかでも特別に盛大。真夏の法会であまりに暑いため石が割れたという言い伝えから「石割開山忌」の別名がある。初日は「宿忌《しゅくき》（お逮夜《たいや》）」と呼ばれ、十時から三門楼上に安置されている五百羅漢を供養する羅漢講式が営まれる。午後二時になると国宝の

上・開山忌に先立って三門楼上では羅漢講式が営まれる
左・開山堂に接した昭堂でも法要が行われる

右・法堂に遷された開山禅師像は開山忌の期間中は須弥壇上に安置される
左・初日の深夜には行者（あんじゃ）によって開山禅師に夜食が供えられる

梵鐘が撞《つ》かれるのを合図に一山の僧侶が仏殿に集まり読経の後、安置されている開山の木像が輿に乗せられる。続いて、白丁《はくちょう》姿の人々に担がれて境内を一周する「巡堂」が行われ、法堂《はっとう》須弥壇《しゅみだん》上に遷される。引き続き宋様式の大法会が法堂で行われる。導師を務める建長寺派の管長には大香合をもった侍香《じこう》が従う。この大香合は鎌倉彫の香合。一般に香合は香炉の脇に置かれているが、導師とともに侍香が移動していくのは宋朝様式の法要の大きな特徴のひとつである。日本

上・開山忌２日目も昭堂（非公開）では開山堂に安置されているもう一体の開山像に向かって経が唱えられる

下・早朝の献粥（けんしゅく）に引き続き開山堂裏山の中腹にある開山墓に塔参（墓参）する

法堂の雲龍図の下で営まれる法要

初の本格的な禅の専修道場として創建された建長寺の歴史の一面を、こんなところにも垣間みることができる。

茶湯が供えられ、行道《ぎょうどう》（歩きながらの読経）、回向《えこう》がされる。この後、開山禅師の墓のある西来庵《せいらいあん》の昭堂（非公開）で宿忌の法要が営まれる。翌日は早朝に昭堂での読経の後、開山堂背後の中腹にある開山墓にお参りする。午前十時から昭堂で半斎《はんさい》の法要が営まれるが、この時は円覚寺の僧侶も参加する。その後、法堂《はっとう》で法要が営まれ、前日とは逆回りで巡堂が行われ、開

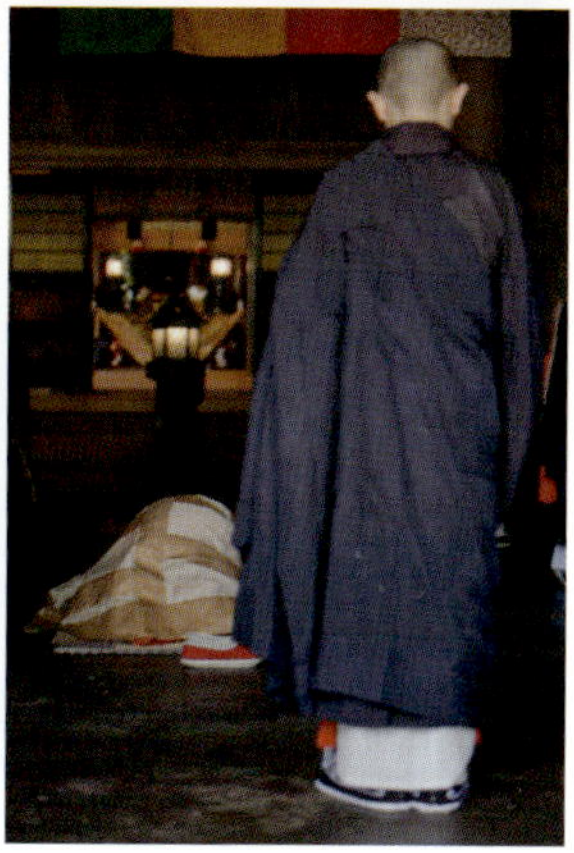

上・法要が終わると龍王殿（方丈）で斎座四ツ頭が行われる。正面には開山禅師の頂相が掛けられている

右・昭堂で開山像に三拝（五体投地）する管長

左・方丈前庭に設えられた万人講施餓鬼会のための施餓鬼棚

山像は仏殿に帰っていく。午前十一時からは法堂の龍王殿で禅宗伝統の古式にのっとった「斎座《さいざ》（昼食）四《よ》ツ頭《がしら》」が行われる。本堂に大覚禅師の頂相《ちんぞう》を掲げ、住山和尚（管長）、首座和尚（山内の長老）、参暇《さんか》和尚（総長）、末寺長老の四人の頭《とう》に尊宿《そんしゅく》（住職）七人がそれぞれ従い、ロの字型に座り、所定の所作に従って無言のうちに食する。午後一時からは、同じ方丈で万人講施餓鬼会が行われる。文永、弘安の両役の戦没者とともに、参加者の新盆を迎えた祖先の霊を慰める。

屈輪文大香合

出頭沓

コラム・column

法要の流れ

建長寺の法要から

鎌倉には鎌倉五山をはじめ臨済宗の寺が多い。栄西《ようさい》が入宋して臨済禅を日本に伝え、鎌倉には壽福寺や浄妙寺が創建されたが、当時これらは禅密兼修。純粋禅は蘭渓道隆《らんけいどうりゅう》を開山に迎えた建長寺の創建を待たなければならなかった。つまり、鎌倉は臨済禅発祥の地なのである。蘭渓道隆は厳しい禅宗の規律や作法、仏像や伽藍の様式なども日本に伝えたが、法会の様式にも宋朝様式が色濃く伝えられている。建長寺では年間を通じて八十以上の法要が執り行われる。

これらの法要に参加する僧侶の数は、末寺の尊宿《そんしゅく》（和尚）全員が参加するものと鎌倉周辺の末寺だけが参加するもの、本山の和尚だけが参加するものがある。例外的な進行をする法要もあるが、ほとんどの流れは同じで、須弥壇《しゅみだん》上に開山像や達磨像が安置されたり釈迦の涅槃図が荘厳《しょうごん》されたりする程度の差異である。基本的な流れとしては、まず国宝の梵鐘が開始の合図として撞《つ》かれ、次に仏殿

三拝（五体投地）

撞合

献飯

献茶

脇の梵鐘、西来庵《せいらいあん》の梵鐘が撞かれる「撞合《つきあわせ》」。腕時計や携帯電話がなかった時代の開始の合図である。鐘の音で導師（管長）が五侍者を伴って出頭する。一部「大佛宝殿」と呼ばれる仏殿や西来庵内の昭堂で行われるものもあるが、ほとんどの法要は「拈華堂《ねんげどう》」と呼ばれる法堂《はっとう》で行われる。法堂ではまず導師が焼香して五体投地の「三拝」を行う。湯茶と飯を薫香した後にお供えをする「献湯」、「献茶」、「献飯」をして焼香し、再び三拝する。導師が三拝する時には侍香《じこう》が大香合を持って従い、右手で蓋を開け、左手で香合を差し出す。その後、堂内を「真大悲咒《しんのだいひしゅ》」を歩きながら読経する「行道《ぎょうどう》」が行われる。真は一番正式なお経の読み方という意味。聞き慣れない響きをしているのは、お経に中国の音がはいっているからで当然である。最後に「維那《いのう》」が回向《えこう》文を読んで法要は終了する。また、法要では開山禅師のお側係である行者《あんじゃ》さんが随所でサポートする。建長寺の行者は開山禅師が大陸からお連れしてきた方の子孫で、七百五十年以上の歴史を経て、その血筋が今も連綿と続いている。

行道

回向

秋・師走

秋・師走の行事の特徴

鎌倉の秋といえば何といっても最大の祭事は鶴岡八幡宮の例大祭だろう。ただ、この祭は本来夏に開かれていた放生会が新暦に換算されて行われているもの。秋に神社で奉仕される神事の中心はやはり瑞穂の国らしく「収穫感謝」。現代でも夏の日照りや台風などの影響で、農家の収穫量はかなり影響を受けている。まして、農業環境が格段に違う古代から中世にかけては、五穀豊穣は神に祈るしか方法がなかったので、無事収穫を終えると神に感謝するのが当然のことだった。一般の社会情勢は時代とともに大きく変化しているし、鎌倉でも農家の戸数はかつてに比べると激減してしまったが、環境の変化にかかわらず、神事によって日本の伝統文化が今日まで伝えられてきた側面は非常に強い。

師走を迎えると、かつてはどこの家庭でもすす払いや餅つきなどで一年をしめくくり、新年を迎えるための準備で忙しくなっていた。町内毎に餅をつく風景も随所でみられたらしいが、今では一年中スーパーなどでも切り餅を買える時代になってしまい、餅つきをする地域も数えるほどになってしまった。あまり人目に触れることはないが、それでも寺社境内では新しい注《し》連《め》縄《なわ》や破《は》魔《ま》矢《や》の準備をしたり、餅をついたりと着々と準備がすすめられている。一般に関係のある年迎え歳事としては長谷寺の歳の市がある程度。やがて大晦日を迎えることになる。日中には年末最後の法要などがあり、夜になると二年詣の人出が始まり、深夜になると市内のあちこちで除夜の鐘が撞《つ》かれる。

鎌倉薪能

甘縄神明神社例祭《あまなわしんめいじんじゃれいさい》

◆甘縄神明神社

九月十四日

上・長谷寺門前の御旅所

右・長谷町内の路地を巡行する

左・長谷駅を出発した江ノ電を背景に坂ノ下界隈を神幸する

甘縄神明神社の社伝によれば、源頼朝が鎌倉入りする四百七十年も前、和銅三年（七一〇）に創建されたという鎌倉最古の神社。由比の長者と呼ばれた染谷《そめや》時忠《ときただ》が創建したといわれている。源頼義がこの社に祈って八幡《はちまん》太郎《たろう》義《よし》家《いえ》を授かったことから源氏とゆかりが深く、『吾妻鏡《あずまかがみ》』は文治二年（一一八六）、この社を「伊勢別宮」として崇敬した頼朝が社殿を修復し、荒垣や鳥居を寄進したと伝えている。また、鎌倉幕府第八代執権・北条時宗はこの地で生まれたといわれ、境内に「北

薄暗くなりかけた路地を境内に向かって担がれていく

夕刻、宮入り前のひとときだけ２社が並行して担がれることがある

条時宗公産湯の井」がある。神輿は高徳院裏や長谷寺門前など長谷地区の路地をめぐり、江ノ電の踏切を越えると海岸線を巡行、由比ヶ浜大通りを経て宮入りする。近年はどこの地区でも共通する悩みだが、少子化などの影響で担ぎ手が少なく、俗に「外人部隊」とも呼ばれる他地区の睦《むつみ》会《かい》に応援してもらうケースが多い。長谷地区でも事情は同じで、神輿は一社のみの巡行になることが多い。また、年によっては宮入り直前だけ二社が勇壮に並んで担がれることがある。

上・浜降式の時間帯、晴れていれば東の空が朝焼けに染まる

左・初日の夕刻、本宮で宵宮が催行される

右・浜から運んだ藻塩草が境内のあちこちに掛けられる

九月

鶴岡八幡宮例大祭《つるがおかはちまんぐうれいたいさい》

◆鶴岡八幡宮

九月十四・十五日・十六日

九州の宇佐神宮や京都の石《いわ》清水《しみず》八幡宮では、万物の生命を尊重し、日ごろの殺生に対する供養として、魚や鳥を川や池、山野に放生する法会を行っていた。鎌倉でも文治三年（一一八七）八月十五日、源頼朝は鶴岡八幡宮で放生会を行ったという記録が残されている。この日を新暦に直したのが例大祭。十四日の朝四時半、由比ヶ浜には呉竹が張られ、宮司以下神職全員が集まって祝詞を奏上したのち海に入って禊《みそぎ》をする「浜降式《はまおりしき》」が行われる。この時、海中で藻《も》塩草《しおぐさ》を集めて持ち帰り、境内

上・例大祭が終わり大石段を退下する神職と巫女

例大祭に続いて舞殿では八乙女の舞が奉納される

のいたるところに飾る。境内を清める意味があるようである。日没後には「宵宮」があり、翌日は午前十時から宮司以下神職、巫女、献幣使《けんぺいし》、八乙女《やおとめ》が奉仕し、氏子、崇敬者などが参列して「例大祭」が行われる。鶴岡八幡宮でもっとも重要な神事だけに、氏子をはじめ市内関係者など参列者の人数も最大になる。午後一時からは「神幸祭《しんこうさい》」。県重文に指定されている神輿三社が本殿から大石段を担ぎ下ろされる。宮司以下神職、錦旗、神馬《じんめ》、提灯、太鼓、盾、弓矢などからなる数百メートルの行列と

上・二ノ鳥居に設けられた御旅所で奉納される八乙女の舞
下・流鏑馬神事の第一走では馬場元で扇が投げられる

右・室町時代から伝わる神輿３社が境内から二ノ鳥居まで神幸する

右・柳原神池のほとりでは神職と巫女により鈴虫が放生される

ともに、白丁《はくちょう》姿の担ぎ手によって神輿が若宮大路の二ノ鳥居に設けられた御旅所に向かう。ここで八人の少女による「八乙女の舞」が奉納される。十六日の最終日には、境内の流鏑馬馬場で弓馬術礼法小笠原教場宗家一門による「流鏑馬神事」が、奉納される。鶴岡八幡宮の流鏑馬は鎌倉時代にも武芸鍛錬のために行われていたようで、『吾妻鏡《あずまかがみ》』にも源頼朝が熊谷直実《くまがいなおざね》に上手《かみて》の的立て役を命じたがこれを拒否したため、所領を没収したことが記されている。近世になって流鏑馬は寒川神社の社人が

勇壮に三つの的を次々に射抜いていく流鏑馬神事

奉仕していたらしいが、大正八年（一九一九）にこれを古式に戻そうと古記録や小笠原宗家に残る伝書などを調べて定めたのが現在の儀式である。武術と弓術を合わせもった最高の武術とされ、鎌倉時代の狩装束をまとった武者姿の射手が、全長約二百五十メートルの馬場を走り抜けながら三つの的を次々に射っていく。射手以外にも奉行、記録役、馬場元役、馬場末役、的立役などの諸役があり、いずれも武家の装束を着けているため、いかにも武家の古都にふさわしい光景である。

九月

御霊神社例祭《ごりょうじんじゃれいさい》

◆御霊神社

九月十八日 十三時

上・神職が四方に矢を放って邪気を祓う

鎌倉神楽は「羽能」や「御幣招」など前後８座にわかれている

湯花で吉凶を占う「搔湯(かきゆ)」は鎌倉神楽のハイライトシーン

御霊神社の祭神の鎌倉権《ごん》五郎景政《ごろうかげまさ》の命日に行われる。境内の祭場には五色の切紙で飾られた「山飾」が立ち、御祓・御幣招《ごへいまねき》・笹舞・射祓など八座の舞で神楽の庭を祓い清め、神降ろしをし、剣舞、神態舞である、もどきが奉納される。煮立てた湯の中に笹を入れて湯花を散らし、かき湯の湯花で豊凶を占ったことから「湯立神楽」「湯花神楽」とも、鎌倉・藤沢地区に伝承されることから「鎌倉神楽」とも呼ばれる古式神楽。鎌倉市指定民俗文化財。この後行われる神輿渡御《おわたり》は、

異形の面掛け十人衆が坂ノ下界隈を行列する

阿亀の臨月のおなかは豊年・豊漁の願いのシンボル

金棒、御榊、白旗に弓矢、槍、鉾等の神宝、神職奉行に鎌倉囃子が加わる百人を超す風雅な行列。この列に奈良時代から伝わる異形の伎楽面や田楽面をつけた面掛《めんかけ》十人衆が従う「面掛行列」が加わる。爺、鬼、異形、鼻長、烏天狗、翁、火吹男、福禄寿、阿亀《おかめ》、産婆の十人である。もとは鶴岡八幡宮や山ノ内の八雲神社でも行われていたが、明治初年の神仏分離令以降、鎌倉市内では御霊神社だけになっている。仮面風流を今に伝える貴重さから、県の無形文化財に指定されている。

十月

円《えん》覚《がく》寺《じ》開《かい》山《さん》忌《き》

円覚寺

十月二・三日

修行道場のある正続院内にある舎利殿で行われる法要は非公開

円覚寺の開山・無学祖元《むがくそげん》（仏光国師）は、二度にわたる元寇に際して、第八代執権北条時宗の相談役だったという。若い時宗に「莫煩悩《まくぼんのう》（目先のことにわずらわされずやるべきことに集中しなさい）」と一喝した話は有名である。この寺の開山忌は秋の長雨の季節に行われることから「雨降り開山忌」と呼ばれている。まず舎利殿に一山の僧侶が集まって宋朝様式の古式ゆかしい法会が行われ、続いて開山像が安置されている仏殿でも盛大な法会が営まれる。巡堂は四年に一度の閏年に行われる。

上・仏殿内で開山像に三拝（五体投地）する導師

左・仏殿の白龍図の下で執り行われる法要

舎利殿での法要が終わり仏殿に移動する導師

下・４年に一度、オリンピックの開催される年に行われる円覚寺の巡堂

十月

達磨忌《だるまき》

建長寺ほか

十月四日 十四時
十月五日 十時

上・和尚が達磨像に列拝
下・法堂須弥壇上に達磨像が安置されている

須弥壇上の達磨像に焼香

達磨はインドから中国に禅を伝えた人で、中国禅の初祖と呼ばれる。中国の少林寺に入り、壁に向って坐禅すること九年で「面壁《めんぺき》九年」と言われる。達磨忌は臨済宗、曹洞宗の別なく禅林諸寺で十月五日の達磨の忌日に行われる法要。四日に「宿忌《しゅくき》」が営まれ、五日は朝「献粥《けんしゅく》」、続いて「半斎《はんさい》」が法堂《はっとう》で行われる。一般には仏殿正面に達磨の画像を祀るが、建長寺では法堂の須弥壇《しゅみだん》上に達磨の木像を安置する。宋朝様式の法要は開山忌と同じで、円覚寺でもほぼ同様に執り行われる。

十月

絵《え》筆《ふで》塚《づか》祭《さい》

◆

荏柄天神社

十月 いずれかの日曜日

かっぱ塚前に設えられた祭壇には使い古した絵筆が供えられている

絵筆は火皿に積まれて焼納される

漫画家の清水崑《こん》が長年愛用していた筆を「かっぱ塚」を建てて供養したのがきっかけ。清水の歿後に絵筆の祭をこの地に定着させようと、漫画家の横山隆一を中心にして、かっぱ塚背後の小高い丘の上にブロンズ製の「絵筆塚」が建立された。この塚の除幕式が行われた十月の日曜日を選び、今も祭典が執行されている。塚の前に祭壇を設え、一連の神事が執り行われた後、参列の漫画家が寄せ書きした大きな色紙を焚き上げ、続いて梅鉢型の大きな火皿で古筆を焼納する。

巫女が神火を運ぶ「火入れ式」

十月

鎌《かま》倉《くら》薪《たきぎ》能《のう》

◆ 鎌倉宮

十月上旬

金春《こんぱる》宗家の指導を受けて鎌倉宮境内で行われて以来五十年以上が経過し、奈良の春日大社や興福寺、京都の平安神宮に次ぐ歴史を刻んできた。後に全国的なブームとなった野外能の先駆け的存在で、鎌倉市観光協会が主催する鎌倉を象徴する行事の一つ。境内が次第に暗くなっていく夕暮れ時に開始され、境内に設けられた能舞台が篝火に浮かび上がってくると、数百年前の中世の世界を彷彿とさせるような情趣が漂ってくる。鎌倉薪能の特徴で忘れてはならないのが「衆徒《しゅうと》法螺《ほら》」、「火入れ式」、

篝火に浮かび上がって幽玄な能舞台

右・神職から奉行に神酒を授与する「神酒賜りの儀」。この後、神酒は鏡の間（演者控えの間）へと運ばれる

下・神事の間は拝殿前に「これより先立ち入るべからず」と僧兵が立つ

「神酒《しんしゅ》賜りの儀」、「僉儀《せんぎ》」など、神事部分を大切にしている点。また、世阿弥が「能の根本であり真髄である」という『翁』を、素謡《すうたい》で毎年必ず行っているのも、能の伝統を大切にする姿勢のあらわれのひとつ。神事能としての原点、伝統が篝火の中に浮かび上がった能舞台は幽玄で、立原正秋は昭和三十九年（一九六四）に観能したのを契機に『薪能』という文学作品も発表している。開始当初から近年まで無料で実施されていたが、時流には抗しきれず、平成十六年（二〇〇四）から有料化されている。

九品寺を出発し本堂に到着したお練り行列

十月

十夜法要《じゅうやほうよう》

光明寺

十月十二〜十五日

全国の浄土宗寺院で十日十夜行われる念仏で、「十夜念仏」とか「お十夜」とも呼ばれる。京都の真如堂と鎌倉の光明寺が全国的には知られている。かつては十日間にわたって行われていたようだが、現在は十二日夜から十五日朝までの三日三晩に短縮されている。明応四年（一四九五）に後土御門《ごつちみかど》天皇の勅許で始められ、現在全国の浄土宗寺院で盛んに行われるもとになったといわれている。無量寿経《むりょうじゅきょう》の「この世において善を修すること十日十夜すれば、他方の諸仏の国土において善をな

上・広い堂内が僧侶と参列者で埋め尽くされ念仏が唱えられる

右・お練りが通過すると山門楼上から散華がある

右下・期間中境内は露店で埋め尽くされ賑やかな雰囲気に包まれる

下・かつては軒を連ねていたという植木の露店

すこと千歳《せんざい》に勝れり」に基づいて、期間中に念仏すると千年の修行に価すると信じられ多くの信者が集まる。本堂前に立てられた角塔婆からは白い綱が阿弥陀如来の手まで延びていて、この綱に触れることで信者は本尊との結縁《けちえん》を得る。また、近隣の九品寺《くほんじ》から僧侶、稚児が並ぶお練り行列がある。境内に立ち並ぶ露店は、鎌倉では最大規模の賑やかさがある。また、かつては門前に百軒近くの植木屋が店を張って植木市のようであったが、時代の変化で近年は数軒程度になってしまった。

十一月

宝《ほう》物《もつ》風《かぜ》入《い》れ

◆円覚寺
◆建長寺

十一月上旬

建長寺で展示される国宝の「蘭渓道隆像」

上・建長寺では方丈と応真閣が会場となる

下・円覚寺では方丈と書院が会場となる

右・重文指定の建長寺開基「北条時頼像」

十一月三日の文化の日前後の三日間、建長寺と円覚寺で同時に行われる、年に一度の虫干しを兼ねた寺宝の一般公開。古くは純粋な虫干しとして行われていたようだが、近代になって日常は宝蔵の奥深くにしまわれたり、鎌倉国宝館に寄託されている国宝や重文を含む寺宝の数々を、一般に公開（有料）するようになった。開山由来の宝物や頂相《ちんぞう》、墨跡などを通して、禅林の文化を味わうことができる。まだ紅葉の季節には早いにも関わらず、北鎌倉一帯が毎年多くの拝観者で賑わう。

十二月

丸《まる》山《やま》稲荷《いなり》社《しゃ》火《ひ》焚《たき》祭《さい》

◆鶴岡八幡宮

十一月八日十四時

上・鶴岡八幡宮創建以前にあったことから「地主神社」とも呼ばれる丸山稲荷社

神職による「搔湯(かきゆ)」でその年の吉凶を占う

「鎌倉神楽」を奉納する神職

本宮西側の小さな丘を丸山と呼び、そこに鎮座していることから丸山稲荷社と称する。建久二年（一一九一）の本宮造営に際して、古くからこの地にあった松ヶ岡明神を遷座したもので、いわば鶴岡八幡宮の地主神。この日は古くから「鞴祭《ふいごまつり》」の日といわれ、お稲荷さんの総本社・伏見稲荷大社では、お火焚きが行われる。丸山稲荷社でも火焚祭が行われ、五穀豊穣に感謝し、氏子の無病息災を祈る。前庭には火が焚かれて神職が伝承してきた湯立神楽や巫女舞が奉仕される。

十二月

成道会《じょうどうえ》

◆円覚寺
◆建長寺

十二月八日 十時

上・管長により点てられたお茶を供える

左・霊具膳から野鳥などへの供養をする生飯（さば）をとる

釈迦がブッダガヤの菩提樹の下で悟りを開いたと伝えられる十二月八日に行われる三仏忌のひとつ。南方仏教では五月の満月の日に行われ、我が国でも三月十五日に行われていた時期もあったが、禅宗の普及とともに十二月八日が定着した。建長寺を含めた各地の僧堂では釈迦が悟りを開いた日にあやかって、十二月一日から八日の払暁まで（円覚寺では八日から十五日）、横に臥して眠ることなく坐禅を続ける「臘八大摂心《ろうはつおおせっしん》」という厳しい修行が今も行われている。

上・この法会では回向（えこう）文を坐して読み上げる

下・三拝（五体投地）する導師

上・須弥壇（しゅみだん）上には「出山釈迦像」が掛けられる

左・行道（ぎょうどう）する僧

神職により奉納される「人長の舞」

十二月

御鎮座記念祭《ごちんざきねんさい》

◆鶴岡八幡宮

十二月十六日

宮中では長保四年（一〇〇三）以降、十二月の吉日を選んで内侍所《ないしどころ》御神楽《みかぐら》が行われるようになり、現在も連綿と続いている。一方、鎌倉では建久二年（一一九一）十一月二十一日、火災により焼失した社殿を現在の大臣山《だいじんやま》中腹に再建し、京都石清水《いわしみず》八幡宮の神霊を改めて勧請《かんじょう》する儀式が行われた。この時、衣冠束帯姿の源頼朝をはじめ、多くの御家人が参列し、御神楽が奉納された。京都の楽人・多好方《おおのよしかた》が「宮《みや》人《びと》の曲」を唱えたところ、神感の瑞相があったと『吾妻鏡《あずまかがみ》』にも記されている。新暦でこ

上・巫女が「宮人の曲」に合わせて舞を奉納する
下・舞の奉納に先駆けて舞殿北庭を祓い清める神職

ゆったりとしたテンポで神職により楽の音が奉納される

の日にあたるのが十二月十六日。まず、本殿で神事が執り行われ、夕刻境内のあらゆる明かりが消された浄闇《じょうあん》のなかで、「御火白《みひしろ》く奉れ」の声とともに舞殿北庭に庭燎《にわび》が焚かれる。この明かりだけの中で和琴、神楽笛、篳篥《ひちりき》などによる「宮人の曲」に合わせて、四人の巫女が舞い、つづいて白装束に丸い輪のついた榊を持った神職によって「人長《にんちょう》の舞」が奉納される。参道を歩く参拝者の靴音も途絶えた静寂のなかで、赤々とした篝火に浮かび上がる舞は、深遠な雰囲気に包まれて優美である。

十二月

歳《とし》の市《いち》

◆長谷寺

十二月十八日 終日

この日は日ごろ閉門されている山門が開けられる

正月に供える品々を売るための歳末の市。江戸では深川八幡、神田明神などで行われていた。鎌倉でも鶴岡八幡宮や大船の塩釜神社などで盛大に開かれていたというが、今では長谷寺のみ。達磨や熊手、神棚、暦といった縁起物を商う屋台が何軒か並ぶ。地元の商家では商売の無事を感謝して、去年より今年、今年より来年と大きな達磨を購入する風習が続いている。また、平成二十三年（二〇一一）から、本尊の観音像の足に触れてご利益をいただく「お御足参り《みあしまい》」を行っている。

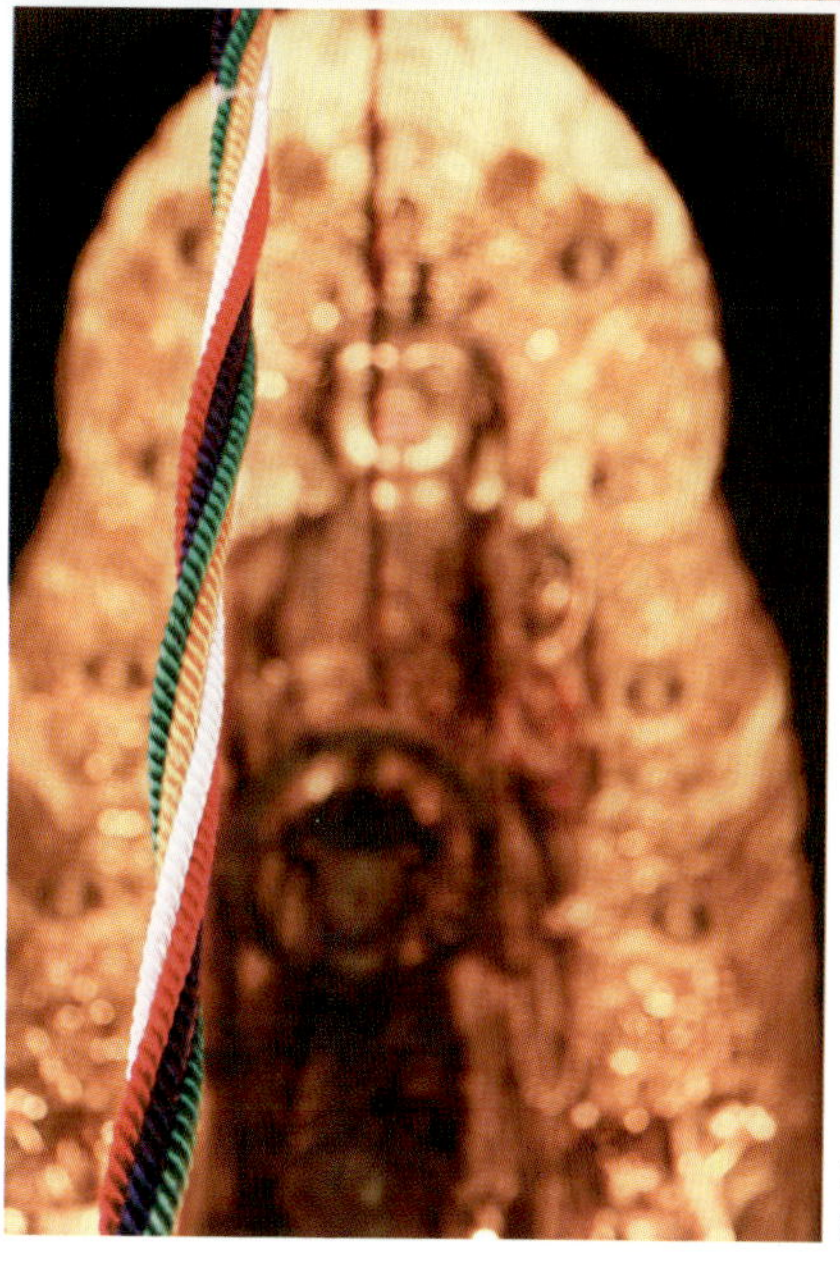

上・門前で縁起だるまを商う露店

下・本尊の十一面観音の足に直接触れられる「お御足参り」

本尊の左手に結ばれた五色の紐でも結縁を得ることができる

十二月

諸《しょ》堂《どう》諷《ふ》経《ぎん》

◆建長寺

十二月三十一日十五時

この１年の安寧に感謝して本尊の地蔵菩薩に三拝（五体投地）

上・1年の最後をしめくくり昭堂内でも行道（ぎょうどう）

右・前机の上には新年を迎えるために鏡餅も荘厳（しょうごん）されている

伽藍神など堂内の諸像にもそれぞれ読経

新年に行われる「改《かい》旦《たん》諷《ふ》経《ぎん》」が新しい一年の天下泰平と五穀豊穣を祈るのに対して、巡って行く諸堂、法要の流れなどはほとんど変わらないが、この一年の安寧に感謝し報恩する法会。誰もが忙しい大晦日の午後三時に開始されるので、拝観者はほとんどいない。人に見せることが目的の観光行事ではないことはわかっていても、人知れず行われていく姿に、法要の本来の目的を再認識させられる。仏殿、昭堂、大徹堂（僧堂の坐禅堂）などを廻っていく。あとは除夜の鐘で一年が終る。

十二月

除《じょ》夜《や》法《ほう》要《よう》

◇各寺

十二月三十一日

一年を締めくくる大晦日。この夜で一年が除かれるということから除夜と呼ばれる。人間は生まれながらにして百八の煩悩を持っているといわれ、それを鐘の音ひとつ毎に取り除いて新しい年を迎えるという意味で、百八つの鐘を撞《つ》く。夜半ちかくになると、市内各所の寺院の鐘が一斉に撞かれる。複数の鐘が同時に聞こえてくるというのが、狭い地域に寺が密集している鎌倉ならでは。参拝者が鐘を撞くことを許す寺も多く、また除夜詣と初詣をかけた二年詣を行う人も多い。

上・円覚寺では鐘楼に対面する弁天堂で経が読まれてから洪鐘（おおがね・国宝）を撞く

左上・光明寺では最初の一声だけ導師が鐘を撞く

上・建長寺では鐘楼に僧侶が集まり読経してから梵鐘（国宝）を撞く

長谷寺では鐘楼上で読経の後、除夜の鐘が撞かれる

十二月

万《まん》灯《とう》祈《き》願《がん》

◆長谷寺

十二月三十一日〜一月一日

長谷寺でも鐘楼で僧侶の読経の後、除夜の鐘が撞《つ》かれるが、この寺の特徴は平成十九年（二〇〇七）に始められた「万灯祈願」。秋口から拝観者が奉納した祈願蠟燭約五千基が境内に並べられ、大晦日のうちから火が灯される。法要がはじまるまでの間は、自分が奉納した蠟燭を探す拝観者が目立つが、やがて除夜法要の読経を終えた僧侶が境内に進み、ここで再び読経する。蠟燭の灯が風に揺られてまたたく光景は、他では見られない荘厳な雰囲気で、鎌倉の新しい風物詩として定着している。

#【付録】用語解説―その他 鎌倉のまつり・行事一覧―掲載寺社一覧

用語解説

本文内に登場するまつり・行事に関わる用語解説です（五十音順）。

建長寺開山忌 侍香

◆維那【いのう（いな）▼P67、119】 寺院の役職名で、寺務を司る者。法要の場においては僧侶たちの進退や威儀をつかさどる重要な役割とされ、読経では先唱する。「いのう」は禅宗での呼び方。

◆盂蘭盆【うらぼん▼P102】 『盂蘭盆経』などに説かれる餓鬼道に堕ちた亡母への供養の伝説によるといわれる。盂蘭盆は、サンスクリットの「ウランバナ」の音写語。これは倒懸《とうけん》（さかさにかかる）という意味で、亡くなった魂は中空に逆さにつり下げられたような苦しい状況にいると考えられていた。そこから父母や祖霊を供養し、倒懸の苦を救うという行事になったといわれる。

◆回向【えこう▼P29、67、103、106、116、119、141ほか】 回向とは、自分の修めた善行の結果が他に向って回《めぐ》らされて所期の期待を満足することをいう。回向文は、勤行・法要などの終わりに唱える。仏事を行った功徳を己だけのものにすることなく、広く有縁の人々に回向するために読誦《どくじゅ》される。

◆烏帽子直垂【えぼしひたたれ▼P35、36】 もとは庶民の平服であったが、鎌倉時代以後は武家の礼服となり、また公《く》家《げ》の常服にも用いられた。室町時代には風折烏帽子《かざおりえぼし》をかぶるようになり、江戸時代には侍従以上の礼装として長袴を用いた。

◆御旅所【おたびしょ▼P26、90、93、101、122、126】 神社の神幸祭において神（神輿）が巡幸の途中で休憩または宿泊する場所、あるいは神幸の目的地をさす。

◆お神酒【おみき▼P56、80ほか】 古くは炊いた米を氏子や巫女が噛み砕き、これを発酵させたどぶろくのような酒が用いられていた。祭礼において神前に供え、祭礼の終了後直《なお》会《らい》で神酒を戴く。神に供えられ霊が宿った酒を戴く、また他の神饌と同様に神と同じものを飲食するという意味があり、このことを神人《しんじん》共食という。酒に酔うことで非日常の境地に至り、神との交流を深める意味があるともされる。

◆**神楽【かぐら▼P23、26、46、54、128、139、142】** 神を祭るために奏する舞楽。神が宿る神聖な場所を表す「神座《かみくら》」が語源といわれている。古くから神座に神を招き、笛や太鼓、お囃子とともに舞を捧げ、神とともに享楽することで生命力を高めることができると考えられてきた。宮中の神事芸能である御神楽と、諸社民間の神事芸能に分かれる。御神楽は鶴岡八幡宮の御鎮座《ごちんざ》記念祭で舞われる神楽に近いといわれている。里神楽はさらに分かれ、鶴岡八幡宮の多くの神事で舞われる採物《とりもの》神楽、御霊神社など鎌倉でも各所で舞われる湯《ゆ》立《たて》神楽のほか、獅子神楽など多くの系流がある。

◆**伎楽・田楽【ぎがく・でんがく▼P129】** 伎楽は伝統演劇のひとつ。日本書紀によれば、推古天皇二十年（六一二年）に百済人味摩之《みまし》によって中国南部の呉から伝えられたという。行道《ぎょうどう》という一種のパレードと、滑稽味をおびた無言劇で構成され、飛鳥時代から奈良時代に寺院の法会でさかんに上演されたが、次第に衰退した。田楽《でんがく》は、平安時代中期に成立した伝統芸能。楽と踊りなどから成る。「田植えの前に豊作を祈る田遊びから発達した」「渡来のものである」などの説がある。鎌倉幕府の執権北条高時は田楽に耽溺したことが『太平記』に書かれている。

◆**木遣歌【きやりうた▼P34】** 労働歌の一つ。一二〇二年（建仁二年）に栄西《ようさい》上人が重いものを引き揚げる時に掛けさせた掛け声が起こりだという説もある。掛け声が時代の流れにより歌へ変化し、江戸の鳶《とび》がだんだん数を増やして江戸風を広めていった。

◆**献饌【けんせん▼P35、56】** 神前に物を供えること。供えられた物を神饌《しんせん》という。古来、日本では、感謝や畏怖の念から神々に海の幸、山の幸、野の幸などを献じてきた。餅や酒はその代表例で、自然の恵みから得られるものや、その加工品を神に供えることこそが「祭り」の基本。神に食事を供し、神楽などを献じてくつろいでいただくことが本来の祭りだが、その中でも最も重要かつ神聖なのが、神饌をお供えする儀式である。

◆**五色【ごしき▼P97、128、145】** 「五色」は、古代中国に成立した「五行説《ごぎょうせつ》」に由来する。木・火・土・金・水の五つの要素により万物が組成され、自然現象や人事現象の全てを解釈し説明するもの。木の色は青、火の色は赤、土の色は黄、金の色は白、水の色は黒となる。

◆**五体投地【ごたいとうち▼P117、118、119、131、141、146】** 両手・両膝・額の五カ所を地面に投げ伏して、仏や高僧などを礼拝すること。仏教において最も丁寧な礼拝方法の一つとされ、対象への絶対的な帰依を表す。

◆**護摩供養【ごまくよう▼P113ほか】** 護摩焚きとも呼ぶ。護摩は、「焚く」「焼く」を意味するサンスクリットのホーマ（homa）を音訳して書き写した語といわれる。炉に細長く切った薪木を入れて燃やし、炉中に種々の供物を投げ入れ（護摩焚き）、火の神が煙とともに供物を天上に運び、天の恩寵にあずかろうとする素朴な信仰から生まれたものである。火の中を清浄の場として仏を観想する。おもに天台宗、真言宗で行われる。

◆**榊【さかき▼P57、129、143】** ツバキ科サカキ属の常緑小高木。古来、植物には神が宿り、特に先端がとがった枝先は神が降りる依代《よりしろ》になるとされている。身近な植物で枝先が尖っているサカキやヒサカキが定着している。サカキの語源は、神と人との境であることから「境《さか》木《き》」の意であるとされる。

◆**樒**【しきみ▼P103】 シキミ科の常緑高木。弘法大師が青蓮華の代用として密教の御修法に使われたとされる。四季に美しく年中継続して手に入れやすいので、古来よりこの枝を佛前・墓前に供えるようになったといわれている。

◆**注連縄**【しめなわ▼P40ほか】 神を祭る神域と他の場所とを隔てる結界の役割を意味する。また、新年の祝いなどのために家の入口に張って悪気が家内に入らないようにする。左捻りの藁に適当な間隔を置いて紙垂《しで》などを下げる。島根県の出雲大社だけは注連縄が右捻りになっていることで有名。

◆**修祓**【しゅばつ▼P34】 神道でその身に纏《まと》った罪、穢《けが》れを祓い清める神事。神職は神事に先立って祓戸《はらえど》で行う。一般参列者は神事に先立って、斎場で神職により祓い清めてもらう。「しゅうばつ」とも。

◆**須弥壇**【しゅみだん▼P67、115、118ほか】 仏教寺院において本尊を安置する場所であり、仏像等を安置するために一段高く設けられた場所のこと。須弥山に由来する。須弥壇の上は仏の領域とされ、壇上に直接諸仏を安置する場合と、厨子や宮殿《くうでん》を置いて、その中に仏像等を安置する場合がある。

◆**荘厳**【しょうごん▼P67、118、147ほか】 寺などで仏像や仏堂を、仏具でおごそかに飾ること。またその飾り。宗派により様式が異なる。

◆**甚句**【じんく▼P98】 日本の伝統的な歌謡の一形式である。詳細は不明だが江戸時代に発生したと見られている。歌詞が七、七、七、五で一コーラスを構成するのが特徴。様々な歌詞が生み出された。五、七、七、七、五となる場合もある。全国各地の民謡にこの形式が多い。

◆**施餓鬼**【せがき▼P50、87、102、106、113、117ほか】「餓鬼に施す」と読めることからも分かるように、死後餓鬼道に堕ちた衆生のために食べ物を施し、その霊を供養する儀礼を指す。とくに季節が決まっているわけではないが、一般的に旧盆（盂蘭盆）の七月に行われることが多く、その法会を施餓鬼会という。

◆**宗偏流**【そうへんりゅう▼P85】 山田宗偏（一六二七～一七〇八年）に始まる茶道の一派で現在家元は鎌倉市にある。

◆**大般若経転読**【だいはんにゃきょうてんどく▼P28、38、50、53、62ほか】 転読とは経題や経典の一部を略読することで、その経を読んだとみなすこと。大般若経は大乗教典で仁王経と般若心経以外の般若経典を集大成したもの。空の思想を説き真実の知恵（般若）を説く。六〇〇巻もあることから、転読されることが多い。

◆**玉串**【たまぐし▼P35、42、57、68ほか】 神道の神事において神職や参拝者が神前に捧げる、紙垂《しで》や木綿《ゆう》をつけた榊の枝のこと。神霊の依代《よりしろ》が玉串の由来であるとも言われている。

◆**陀羅尼**【だらに▼P102、106】 経文を翻訳せずにサンスクリットの原文のまま読誦すること。「よく善法を持して散失せず、悪法をさえぎる力」を意味する。一般に短いものを真言、長いものを陀羅尼という。

◆**撤饌**【てっせん▼P35、57】 神様に献じる飲食物「神饌」

を撤する儀式、また、その儀式後に頂くお下がりの飲食物のこと。祭儀の後に供えた神饌を食べる宴のことを直会《なおらい》という。直会には、神の供物を食べることで神に近づくという意味もあるが、人が食べることのできないものは供えてはいなかったという証明でもある。初詣などで神事の後、お神酒をいただくのは直会の簡略化された様式。

◆瓊瓊芸命【ににぎのみこと▼P32】　日本神話に登場する神で、天照大神《あまてらすおおみかみ》の孫にあたる。天照大神の命により、葦原中国《あしはらのなかつくに》を統治するため高天原から地上に降りたとされる。これを天孫降臨《てんそんこうりん》と呼ぶ。

◆人長の舞【にんちょうのまい▼P142、143】　人長とは神楽人の長のこと。人長の舞は、その長が武官の装束を着け、手に神鏡の象徴という木製の輪を付けた榊の枝を持って舞う。古式ゆかしい典雅な舞。

◆祝詞【のりと▼P33、35、46、49、51、54、55、56、70、80、124ほか】　神事に際し、神前で読み上げて神に申し請う内容・形式の文章。現存する最も古いものは「延喜式」に収められた「祈年祭《としごいのまつり》」以下の二七編。今日でも神事に奏される。文末を「…と宣《の》る」で結ぶ宣命形式のものと「…と申す」で結ぶ奏上形式のものがあるが、対句や繰り返しを多く用いた荘重な文体である。

◆破魔矢【はまや▼P25、32、43、54、57、121ほか】　正月に行われていた弓の技を試す「射礼《じゃらい》」という行事に使われた弓矢に由来するとされている。元々「ハマ」は競技に用いられる的のことを指す。これを射る矢を「はま矢（浜矢）」、弓を「はま弓（浜弓）」と呼んだ。「はま」が「破魔」に通じるとして、正月に男児のいる家に弓矢を組み合わせた玩具を贈る風習が生まれた。後に、一年の好運を射止める縁起物として初詣で授与されるようになった。

◆白丁【はくちょう▼P93、98、115、126ほか】　主に平安時代の下級官人によって着用された衣装のひとつ。白麻もしくは白絹に糊を強くつけて張りを持たせた布地を材料としていることを、その名の由来とする。主に宮中の小舎人《こどねり》、公家や武家の供人、神事の道具を運ぶ仕丁が着用し、後にこれを着用している人々のことを白丁と呼ぶようになった。「白張」とも書く。

◆半斎【はんさい▼P116、132】　禅宗で、昼食を斎座《さいざ》といい、粥座（朝食）と斎座の間に食する簡単な食事を半斎という。また朝と昼の間の時間を指す。

◆幣（御幣）【へい（ごへい）▼P35、36、42、69、105、125、128ほか】　お祓いなどで用いる。二本の紙垂《しで》を竹または木に挟んだもの。幣束《へいそく》、幣《ぬさ》ともいう。紙垂は白だけでなく五色の紙や、金箔・銀箔が用いられることもある。

◆八乙女【やおとめ▼P26、125、126ほか】　八乙女《やおとめ》とは、主に神楽や舞（いわゆる巫女神楽・巫女舞）をもって奉仕する八人の巫女のこと。八社女・八少女・八乎止女とも書く。また、略して八女《やめ》ともいう。人数が八人と定まったのは後世の事であり、古くは「八」の字は複数あるいは多くという意味で使われていたもので、神霊を扱う神聖な処女の意味があったと言われている。

◆理趣分【りしゅぶん▼P38、52】　詳しくは大般若波羅蜜多経巻第五百七十八第十般若理趣分という。大般若経六〇〇巻という巨大なお経の中で、唯一この理趣分だけは例外的に頻繁に読まれる。大般若経の心髄を表わしている部分だともいわれる。

その他 鎌倉のまつり・行事一覧表

名称	場所	月日
歳旦祭《さいたんさい》	鶴岡八幡宮ほか	一月一日
初《はつ》えびす	本覚寺	一月一〜三日
御判行事《ごはんぎょうじ》	鶴岡八幡宮	一月一〜七日
汐《しお》まつり	坂ノ下海岸	一月十一日
白旗神社例祭《しらはたじんじゃれいさい》	白旗神社	一月十三日
護摩《ごま》焚《た》き供養《くよう》	虚空蔵堂	一月十三日
聖徳太子講《しょうとくたいしこう》	宝戒寺	一月二十二日
初午祭《はつうまさい》	鶴岡八幡宮／丸山稲荷社ほか	二月初午の日
動物慰霊祭《どうぶついれいさい》	光則寺	三月下旬
彼岸会《ひがんえ》	各寺	彼岸中日前後
若宮例祭《わかみやれいさい》	鶴岡八幡宮	四月三日
源頼朝公墓前祭《みなもとのよりともこうぼぜんさい》	源頼朝墓	四月十三日
清正公祭《きよまさこうさい》	妙法寺（大町）	五月五日
子育鬼子母神祭《こそだてきしぼじんさい》	大寶寺	五月九日
徳崇権現会《とくそうごんげんえ》	宝戒寺	五月二十二日
白旗神社例祭《しらはたじんじゃれいさい》	白旗神社（鶴岡八幡宮境内）	五月二十八日
秋葉山三尺坊《あきばさんさんじゃくぼう》大権現例祭《だいごんげんれいさい》	光明寺	五月第三日曜日

かまくらビーチフェスタ	由比ヶ浜海岸	未定
海開《うみびら》き	由比ヶ浜海岸ほか	七月一日
八坂大神例祭《やさかおおかみれいさい》	八坂大神	七月五～十二日の間の土日曜日
八雲神社例祭《やくもじんじゃれいさい》	八雲神社（山ノ内）	七月中旬の一週間
地蔵尊大祭《じぞうそんたいさい》	宝戒寺	七月二十四日
荏柄天神社例祭《えがらてんじんしゃれいさい》	荏柄天神社	七月二十五日
あさがお市《いち》	鎌倉宮	八月上旬
黒地蔵縁日《くろじぞうえんにち》	覚園寺	八月十日
玉縄《たまなわ》史蹟《しせき》まつり	首塚	八月十九日
鎌倉宮例祭《かまくらぐうれいさい》	鎌倉宮	八月二十日

蛭子神社例祭《ひるこじんじゃれいさい》	蛭子神社	八月二十二日
十二所神社例祭《じゅうにそじんじゃれいさい》	十二所神社	九月上旬の土日曜日
ぼた餅供養《もちくよう》	常栄寺	九月十二日
彼岸会《ひがんえ》	各寺	彼岸中日前後
松葉ヶ谷法難会《まつばがやつほうなんえ》	安國論寺	九月二十七日
人形供養《にんぎょうくよう》	本覚寺	十月第一日曜日
白旗神社文墨祭《しらはたじんじゃぶんぼくさい》	白旗神社（鶴岡八幡宮境内）	十月二十八日
七五三祈請祭《しちごさんきしょうさい》	鶴岡八幡宮	十一月十五日
新嘗祭《にいなめさい》	鶴岡八幡宮	十一月二十三日
大祓式《おおはらえしき》	鶴岡八幡宮ほか	十二月三十一日

掲載寺社一覧表（掲載順／「MAP」欄●内のアルファベットは巻頭の鎌倉全図に対応／鎌倉市内の寺社）

名称　よみ	住所・電話	MAP
鶴岡八幡宮 つるがおかはちまんぐう	鎌倉市雪ノ下2-1-31 ☎0467-22-0315	A
建長寺 けんちょうじ	鎌倉市山ノ内8 ☎0467-22-0981	B
白山神社 はくさんじんじゃ	鎌倉市今泉3-13-20 ☎0467-47-4798 （連絡先は稲荷神社（岩瀬））	C
本覚寺 ほんがくじ	鎌倉市小町1-12-12 ☎0467-22-0490	D
圓應寺 えんのうじ	鎌倉市山ノ内1543 ☎0467-25-1095	E
荏柄天神社 えがらてんじんしゃ	鎌倉市二階堂74 ☎0467-25-1772	F
常楽寺 じょうらくじ	鎌倉市大船5-8-29 ☎0467-46-5735	G
鎌倉宮 かまくらぐう	鎌倉市二階堂154 ☎0467-22-0318	H
長谷寺 はせでら	鎌倉市長谷3-11-2 ☎0467-22-6300	I
長勝寺 ちょうしょうじ	鎌倉市材木座2-12-17 ☎0467-25-4300	J
極楽寺 ごくらくじ	鎌倉市極楽寺3-6-7 ☎0467-22-3402	K
葛原岡神社 くずはらおかじんじゃ	鎌倉市梶原5-9-1 ☎0467-45-9002	L
五所神社 ごしょじんじゃ	鎌倉市材木座2-9-1 ☎0467-23-3050 （連絡先は鎌倉市観光協会）	M
八雲神社（大町） やくもじんじゃ	鎌倉市大町1-11-22 ☎0467-22-3347	N
小動神社 こゆるぎじんじゃ	鎌倉市腰越2-9-12 ☎0467-31-4566	O
御霊神社（坂ノ下） ごりょうじんじゃ	鎌倉市坂ノ下4-9 ☎0467-22-3251	P
光明寺 こうみょうじ	鎌倉市材木座6-17-19 ☎0467-22-0603	Q
杉本寺 すぎもとでら	鎌倉市二階堂903 ☎0467-22-3463	R
安養院 あんよういん	鎌倉市大町3-1-22 ☎0467-22-0806	S
甘縄神明神社 あまなわしんめいじんじゃ	鎌倉市長谷1-12-1 ☎0467-23-3050 （連絡先は鎌倉市観光協会）	T
円覚寺 えんがくじ	鎌倉市山ノ内409 ☎0467-22-0478	U

参考資料

『鎌倉の寺 小事典』（かまくら春秋社）
『鎌倉の神社 小事典』（かまくら春秋社）
『鎌倉観光文化検定公式テキストブック』（かまくら春秋社）
『鎌倉事典』白井永二編（東京堂出版）
『仏教辞典』（岩波書店）
『仏教用語の基礎知識』山折哲雄（角川書店）
『まるごと建長寺物語』高井正俊（四季社）
『禅入門』（淡交社）
『禅のある暮らし』（ワニマガジン社）
『日本史辞典』（角川書店）

※本書に掲載している情報は二〇一二年十月現在のものです。発行後に変更される場合がありますので、予めご了承下さい。
※掲載の寺社名は「神奈川県宗教法人名簿」に拠りました。
※本書の編集にあたり、ご協力いただいた各寺社に厚く御礼申し上げます。

原田　寛（はらだ　ひろし）

一九四八年東京生まれ。

一九七〇年早稲田大学法学部卒業。

日本の古都、歴史の町並みを撮影し、鎌倉の歴史と文化、自然の撮影をライフワークとしている。

写真集に『鎌倉』『鎌倉Ⅱ』『四季鎌倉』『花の鎌倉』、著書に『古都の写し方入門』『鎌倉花手帳』『鎌倉の古寺』『鎌倉伝説散歩』、共著に『「鎌倉百人一首」を歩く』、ほか多数。

鎌倉市観光協会理事、日本写真家協会会員。鎌倉市在住。

HP/www.haradahiroshi.com

鎌倉のまつり・行事　小事典

著　者　原田　寛
発行者　伊藤玄二郎
発行所　かまくら春秋社
鎌倉市小町二―一四―七
電話〇四六七(二五)二八六四
印刷所　ケイアール

平成二十四年十一月十五日　発行

ISBN978-4-7740-0574-4 C0014